太陽はいつも輝いている

私の日時計主義 実験録

谷口雅宣

生長の家

カバー　絵と句　谷口雅宣

はしがき

本書は、生長の家が推奨する「日時計主義」の生き方を進めるための手引書として書かれた。日時計主義については、二〇〇七年十一月に生長の家から上梓した拙著『日時計主義とは何か?』がすでにあるが、この書だけでは、読者がそれを各人の生活の中にどう活《い》かすかについて、必ずしも明らかでなかった。本書は、それを補完する目的で——つまり、「日時計主義をどう生きるか?」をテーマにした。

とはいっても、日時計主義は結局、各人の心の問題であり、それを生活に活かすといっても、各人は千差万別の個性をもち、千差万別の環境の中で生きている。職業も違い、家族構成も違い、得手不得手も違う。だから、すべての読者に適合する手引書など書けるものではない。そこで、私自身が自分の生活の中でこの考え方をどのように活かしているか、を書くことにした。副題が「私の日時計主義実験録」

となったのも、そういう理由からだ。だから読者には、私が絵を描き、俳句を作るからといって、それだけが日時計主義のやり方だと思わないでほしいのである。

日時計主義は人生の明るい面を記録し、記憶し、拡大する生き方だから、その手段は問わない。およそ表現芸術ならすべてのものが日時計主義を表現できるはずだ。また、「芸術」などと大仰なことを言わなくても、人との会話、表情、行為にも「明るさ」は表現できるし、メールや手紙、服装で「明るさ」を伝えることもできる。さらに、生長の家では『日時計日記』という日記帳を発行しているから、それをつけるだけでも日時計主義は実行できる。どんな方法を使うかは、読者の自由にお任せしたい。

ただ、読者には日時計主義を表面的に理解してほしくないのである。「人生の光明面だけを見よ」と言われたら、不幸や暗黒面から目を背けて、何も考えずにヘラヘラ笑って生きるのがいい、などという〝極楽トンボ〟の考え方だと誤解される可能性はある。それを避けるために、第一部「続 日時計主義とは何か?」では、この考え方の宗教的、哲学的な背景について、神経科学の知見なども交えながら詳しく記述した。

前著『日時計主義とは何か?』の第一部にも同様の趣旨の文章を収録したが、さらに本書では、前著で言い尽くせなかった「ものを見る」際の我々の意識の仕組みや、無意識的な偏見・錯誤の存在にも触れて、「我々の〝外の世界〟は心がつくる」という事実をより強固に示したかった。だから読者は、前著の第一部と本書の第一部を併読されることにより、この生き方の理論的根拠をより深く理解していただけると思う。

第一部の序章では、「悪は実在しない」という生長の家の考え方を概説している。ここでは、人間は感覚認識によって「世界(現実)をつくる」という事実を通して、まず前著の第一部で展開した「悪とは何か」に関する議論を短くまとめている。人間が心で世界をつくるということは結局、悪も人間の心の産物だということである。人とすると、悪は、人間の力の及ばない何か文字通り〝悪魔的〟な存在ではなく、心のもち方一つで現われたり消えたりする〝見せかけのもの〟ということになる。ここから、本当にある世界（実相）は善一元（善のみ）とする生長の家の基本的考えが導かれる。その「善一元」の本当の世界を、本書では「太陽」になぞらえている。「太陽はいつも輝いている」という事実は、昼と夜がある地球上にすむ我々の感覚だけでは把握できない。それと同じように、本当の世界は善一元で悪はないという事実も、我々の感覚認識だけでは理解できない。しかし、太陽が東の空から昇るのを見れば、我々は「太陽はいつも輝いている」ことを思い出す。それと同じように、我々はこの世界で実際に真・善・美に触れたとき、「善一元の本当の世界は常にある」ことを思い出すのである。日時計主義とは、そういう機会を数多くもち、また自ら作り出そうとする積極的な生き方なのである。

第一部の第二章では、私が中年になって絵を描くことになった経緯を書いている。私がどのような先人に影響され、なぜ絵を描くのか。また、「絵を描く」ことによって、何が新たに分かるのか。また、そのことを脳神経科学ではどのように説明しているか。さらに、絵を描くには特殊な才能はいらないことなど、この分野で私が学んだことを「絵心」というキーワードの下にまとめている。この章では、前著で「意味」と「感覚」という言葉で表した人間の認識の仕方を、「考える」ことと「見る」ことに――脳科学の言葉を使えば「左脳」と「右脳」に――対応させている。人間は、この双方を十分に活用することによって、より豊かな人生を生き、また創造していくことができると私は信じる。なお、この章の文章は、章末尾に記されているように、実は九年ほど前に書かれた。が、今日読んでも古さをあまり感じないため、ほとんど無修正で収録した。

第一部の第三章では、「日時計主義を文学でどう表現するか」を考えている。ここで取り上げた作家は生長の家と関係はないが、人生の明るい面を文章で表現することに優れている点で、私が勝手に〝日時計文学〟の実践者として選んだ。ご本人には迷惑かもしれないが、人間の本性は明るさを求めるという洞察をもつ方々だから、私のわがままを容認してくださると信じている。また、この章で私は、どんな経緯で俳句を始めたかを書いている。俳句を作る動機は各人千差万別だろう。私の動機は、その中でもやや特殊ではないかと思う。だから、読者の参考になるかどうか分らない。しかし、いったん作句を始めれば、この奥深い文学形式のもつ魅力は、多くの人々が共感するものである。近頃は、外国語で俳句を作る「世界俳句」なる文学ジャンルも成立していると聞く。読者の参考になれば幸いである。

第一部の第四章は、ややクセのある内容だ。理詰めの文章が嫌いな読者は、この章を飛ばして次へ進んでもらっていい。私はここで生長の家が言う「偶然はない」ということを、できるだけ論理的に証明しようと試みている。また、私たちが普段、全く別物として使い分けている「奇蹟」と「当り前」という二つの概念が、実は我々の先入見――つまり心――が作り上げた錯覚である場合が多く、よく考えるとそれほど違いのないものであることを述べている。つまり、「当り前は奇蹟的である」こと、「奇蹟は当り前である」ことを論証しようとしているのだ。このことが理解されれば、読者は日常生活の中に〝奇蹟的〟な出来事を次々と発見し、その感動や喜びを通して日時計主義の醍醐味《だいごみ》を味わうことができるだろう。

第二部には「日時計主義実験録」という名前をつけた。「実践録」としてもよかったが、前述したように、日時計主義には表現手段も表現手法も無数にあるので、その「無数の中のわずか二つ」というニュアンスを出したかった。要するに「実験的試み」ということだ。「実践録」などという改まった表現にすると、「これが模範的な実例である」と誤解される可能性があり、それを避けたかった。

この第二部には、私がここ数年にわたって描いたスケッチ画や、折にふれて作った俳句を集めてある。改めて言うまでもないが、私は画家でも俳人でもない。本業は、宗教の教えを伝える仕事だ。したがって、私の作品がプロの目から見れば稚拙であり、未熟であることは言をまたない。にもかかわらず、このような場に発表する理由は、第一部に書いたことが〝机上の空論〟でないことを示したかったからである。すなわち、私たちの人生には、楽しいこと、美しいこと、嬉しいこと、感動すべきことが無数にあるという事実。それらを、上手下手はともかく、形や言葉に表現できるという事実。そして、表現されたものを見、味わうことによって、表現者の感じたことが他人にも伝わるという事実――つまり、人生の感動の拡大は、誰にでもできるという事実を、読者に知っていただきたかったのである。

絵画については、私は本書に掲げた偉大な先輩の作品から学んだ以外は、特に個人的な師をもたない。作句については年季も浅いうえ、まったくの独学である。そこで本書収録に当たっては、生長の家の月刊誌『光の泉』（日本教文社刊）でお世話になっている俳人、茂恵一郎《しげり》氏に貴重なアドバイスをいただいた。この場を借りて氏のご厚情に篤く御礼申し上げます。

最後になるが、校正ゲラを通読して強く感じたことは、本書における妻、純子（敬称略）の存在の大きさである。第一部の第二章と第三章を読んでもらえば分かるが、彼女は、私に具体的な画家の作品を示して絵を描くきっかけを与えてくれたし、絵画展に一緒に行っていろいろと感想を述べ合った。また、私の絵の良き批評者であり、理解者でもある。これに加え、日時計主義的な考えや着想をもつ作家のことも彼女が教えてくれたから、本書に引用した作家の文章は、ほとんどが彼女の蔵書からのものとなった。要するに彼女は、根本的に日時計主義の人である。彼女がいなければ、本書は世に出ることはなかったろう。ここに絶大な謝意を込め、本書を妻に捧げる。

二〇〇八年三月二十八日

著者記す

contents

01 はしがき
第一部 続 日時計主義とは何か？
14 序 章 太陽はいつも輝いている
14 悪は実在しない
21 心でつくる〝現実世界〟
25 日時計主義に必要な心
30 日時計主義を実践しよう
33 第二章 絵心
42 意識の向け方
47 二つの脳
56 絵は右脳で描く？

干しブドウを食べる 62
目覚めた心　豊かな心 66
画家の目に学ぶ 72
絵を描く理由——私の場合 76
第三章　〝日時計文学〟を探して 82
小さくても確かな幸せ 82
枯葉は語る 86
投　句　箱 91
庄野潤三氏の小説 97
少女ポリアンナ 107
第四章　偶然と奇蹟 115

115 「偶然はない」ということ
119 アリを踏む
124 「偶然だ」は意識がつくる
128 「奇蹟」の意味
129 火星の人面岩
138 奇蹟について
142 確率ゼロの出来事
146 当り前に生きる

第二部 日時計主義実験録

152 スケッチ画集
229 谷口雅宣句集
266 参考文献

第一部

続　日時計主義とは何か？

序章　太陽はいつも輝いている

悪は実在しない

生長の家では、神が創造された通りのありのままの世界のことを「実相」とか「実在」という。そして、神は善であり、愛であり、無限知（すべてを知る）であり、無限能力であるから、神がもし世界を創造されたならば、その無限知と無限の能力を使って、すべての被造物を互いに善なる関係に配置し、〝善い世界〟〝愛すべき世界〟を実現されていると考える。したがって、神が創造された「実相」や「実在」はすべて善であると考え、「実相は善一元である」と宣言するのである。「善一元」とは、「善でないものは存在しない」という意味である。

このことを宗教的に表現した言葉が「唯神実相」である。「ただ神のみあるのが世界の実相（本当のすがた）である」という意味だ。これについて、世界の宗教はどう考えるだろう。ユダヤ教やキリスト教の教典である聖書の『創世記』には、天地創造の話が書かれていることは有名だ。そこには神が「六日間」で天地を創造されたことが、次のように描かれている：

神が造ったすべての物を見られたところ、それは、はなはだ良かった。夕となり、また朝となった。第六日である。

こうして天と地と、その万象とが完成した。神は第七日にその作業を終えられた。すなわち、そのすべての作業を終って第七日に休まれた。神はその第七日を祝福して、これを聖別された。神がこの日に、そのすべての創造のわざを終って休まれたからである。

これが天地創造の由来である。

（口語訳聖書『創世記』第一章三一節〜第二章四節）

この記述を素直に読むと、神は自ら創造されたすべてのものを観察されて非常に満足され、これによって天地のすべてのものが完成した、という意味に受け取れる。神にとって不満足や不十分な点はなく、ましてや悪など存在しなかったと読めるから、生長の家では『創世記』のこの記述も「世界の実相は善一元である」という「唯神実相」の教えを表現していると解釈する。

仏教では、世界がどのように創造されたかをあまり問題にしないが、「浄土」や「仏国土」がどこかに在ると説いている。生長の家では、それらの言葉は「実相世界」あるいは「実在界」を意味すると解釈する。また、仏典にある「山川草木国土悉皆成仏」とか「有情非情同時成道」という言葉に、「唯神実相」と同じ考えが示されていると考えるのである。

世界の宗教経典に書き残された言葉は、もちろんいろいろな意味に解釈できる。が、私がここで言いたいのは、私たち人間がよく知っている〝現実世界〟とは別のところに、神や仏などの〝聖なる存在〟の影響下にある「完成した」「幸福な」世界があるという考えは、決して珍しいものではないということである。もし生長の家の教えに〝珍しい〟部分があるとしたら（私は珍しいとは考えないのだが）、そのような天国や神の国、仏の浄土、仏国土が「本当の世界」であり、それ以外の世界は神の創造でないから本当（実相）でなく、実在しないと考える点かもしれない。

世界の本当のすがたは善一元である――しかし私たちは、このことを論理や思弁によって理解できても、自分の人生を振り返ったときに、「世界は本当に善一元だ」と断言できる人は、そう多くないだろう。

理由は明らかである。それは、私たちが日常的に知っている世界には善があるだけでなく、悪現象もいっぱい存在するからである。毎日、テレビやラジオから流れるニュース、新聞報道、週刊誌の記事、インターネットのゴシップ、人の噂話……などが伝える世界の出来事は、「善いこと」よりもむしろ「悪いこと」の方が圧倒的に多いからである。ということは、神は「善いこと」のほかにも「悪いこと」を創造されたのだろうか？

もし、この問いに対して「その通り」と肯定すれば、次の質問に答えるべきだ――


問い…神が悪を創造したならば、「神は善である」とは言えないのではないか？

答え…神は善であるが、悪を媒介として、また手段として使い、より大きな善を実現されようとしているのだ。

問い…たとえ「媒介」や「手段」としてでも、神が悪を創造されたならば、悪は、神と世界にとって必要であることになる。そうすると、悪を滅ぼすことは神の意思に反するから、人間は悪を否定したり、悪をなくそうとしてはいけないことになる。

答え…人間が善を志し、「悪をなくそう」と思うことが善である。この善を導き出すために悪がある。

問い…それでは、悪を滅ぼしてしまっては、善が現われる契機がなくなってしまう。とすると、「悪をなくそう」とすることは、やはり神の意思に反することになるのではないか？

答え…「なくそう」とすることは神の意思にかなう。が、「なくしてしまう」ことは神の御心ではない。

問い…「なくしてはいけない」と知りながら「なくそう」とするのか？　そんな器用なことは人間にはできない。

答え…悪は、人間がどんなに「なくそう」と努力してもなくならない。だから、「なくそう」という努力は永遠に続く。それによって善も永遠に続くのだ。

問い…それは逆ではないだろうか？　神は全能なのだから、悪によって人間の善を導くのではなく、初めから善一元の世界を創造しておけばいい。そうでなく、悪を創造して人間を含む被造物を苦しめておくのでなければ、善が実現しないというのでは、神は全能と言えない。また、被造物を苦しめることで善が実現するという考えは、サディストとあまり変わらないだろう。

答え…神は、人間の理解を超えた存在だ。人間の考えを超えたところに「本当の善」

があり、神の「真意」がある。それを人間の小賢しい知恵で批判することは許されない。

——「神がいるのに、なぜ悪があるか」をめぐる議論は、このようにして延々と続く。生長の家では、しかし前述したような論旨から、「実相の（本当にある）世界は善一元である」と考えるから、このような議論に埋没していくことはない。が、その代り、「〝善一元の世界〟などどこにあるか？」という質問に答えなければならなくなる。その答えは、「今ここに在る」である。

恐らく、多くの人々はこの答えに満足しない。そして、「ここはどこか？」という質問を発し、現実世界の様々な悪現象を指し示して、「これが善か？　あれが善か？」と質問を連発するだろう。それに対する答えは、「本当にある世界は人間の感覚を超えている」というものである。これを言い換えると、「人間が〝現実〟と呼ぶ世界は、人間の心の中に映し出された世界だから、本当にあるのではない」ということだ。このことを宗教的には「唯心所現」とか「三界唯心」と表現する。これは主として仏教の流れをくむ考え方だ。

心でつくる〝現実世界〟

私は、前著である『日時計主義とは何か？』（生長の家刊）を書いたとき、私たちが感覚を通して「そこにある」と思っている世界が、実は二重の意味で〝心でつくられ〟ていることを述べた。まず感覚器官による加工が行われ、次に、この加工された情報の一部が心によって意味づけられる。心理学の用語を使えば、「知覚」されたものが選択的に「認知」されるのである。つまり、私たちが〝現実〟として知っている世界は、言葉本来の意味での現実――今、現に事実として存在している事柄・状態（『大辞林』）――ではなく、①感覚による加工と、②心による選択と意味づけが行われた後の〝心の作品〟であるということだ。別の言葉でいえば、「現実世界は、人間の感覚と心によって形づくられる」のである。このような現実世界においてもし〝悪〟が在るように感じられたとしても、それも〝心の作品〟の一部でしかない。だから、前著では、私は悪のことを次のように定義した：

悪は実在ではなく、評価する人の心に生じる否定的な力（拒絶感）を外部に投影したものである。

これを簡単に言えば、悪とは、人の心に生じる拒絶感のことで、それは自分の心の内部に生じるものなのに、その原因を外部に探した結果、「そこに在る」と感じるにいたった一種の錯覚である。人間の心は変化するから、悪もそれに伴って変化する。そのように、在るのか無いのか分からない不確かなものが悪である。また、拒絶感は主観的なものだから、何が〝悪〟であるかは、個人の立場や考えなどによって大きく変化することもある。だから、「悪と闘う」ことや「悪を滅ぼす」ことで善に至ることはない。また、悪は人間の主観の産物であるから、神の創造ではない。神が創造されないものは本当の世界（実相）には存在しない。だから、悪は実在しないのである。

このような考えは一般の常識とは少し違うかもしれない。だから、読者の中には承服しがたい思いで前著を読まれた方がいたかもしれない。しかし、この考えは、一方では人生に対して大変積極的なメッセージを私たちに伝えているのである。もし〝現実〟が私たちの〝心の作品〟ならば、その現実は心によって変えることができるのである。多くの人々は〝現実〟と称するこの世界は、自分の努力や心の持ち方によって変化するような可変的で、脆弱《ぜいじゃく》なものではなく、自分の生まれる前から厳としてそこに存在し、多くの人々の改革や改善の努力にもかかわらず、微動だにしないような堅固な存在だと思っている。が、生長の家では、そういう現実はナイ――つまり、客観・普遍的で、不変の〝現実〟は存在しない――と言うのである。そして、「自らの心の持ち方を変えることで現実は変わる」と説き、説くばかりでなく、そのような心の変化により、人々の現実生活が変わった実例を数多く発表してきた。

昭和五年（一九三〇年）から発行され続けている生長の家の月刊誌には、そういう実例が毎回、掲載されている。日本全国の五十九カ所にある生長の家の教化部や六カ所の本部直轄練成道場などでは、「練成会」と呼ばれる合宿形式の勉強会が定期的に開催されているが、そこでは毎回のように、「心を変えることで現実が変わる」という体験が、参加者の間に起っている。この心の変化による現実の変革は、必ず「明るい」方向、「積極的」な方向への変革である。なぜなら、本当にある世界は「善一元」であり、悪は存在しないからだ。生長の家では「人生の光明面」を認め、それを心に把持することで、実相（本当の世界）においてすでに存在する真・善・美が、ごく自然にこの世界（心でつくった世界）に映し出されてくる、と考える。

その逆に、現実世界の「暗く」「消極的」な面に注目し、それを心に深く取り込む生き方が世間では広く行われている。これは、悪行、悪現象、間違い、失敗などの「人生の暗黒面」には、それを生み出した原因があるのだから、そういう悪の原因をしっかり見つめ、理解し、それを取り除くことで、将来の悪現象の再発を防止することができる、という考えからだろう。

しかし生長の家では、そういう方法はかえって逆効果だと訴える。前著では、私は「悪」の問題を取り上げて、この一般的方法が逆効果となりやすい理由を詳述した。また、前述したように「悪」とは人の心の中に生じる拒絶感を外界に投影したものだから、その対象をどう考え、捉えるかの違いによって、悪の程度は変化し、あまつさえ「善」にさえ変わり得ることも述べた。

日時計主義に必要な心

前著で詳しく述べたように、日時計主義とは、人生の〝明るい面〟に心の焦点を合わせた生き方である。日常生活の中で楽しいこと、明るいこと、感謝すべきこと、教えられること等に注目し、それを心に強く印象づけることで、「唯心所現」の原理を発動し、実際の生活を明るく、豊かで、感謝に満ちたものに変革する生き方であり、生活実践である。だから、単に理論や主義主張を訴えるだけでなく、日常の生活で具体的な行動を起こすことが重要である。まず、人生の光明面を発見し、それを具体的に記録することから始めよう。物事を心に強く印象づけるためには、単に心に留めるよりは、体を動かしてペンを持ち、ノートや日記帳を開き、そこに文章で記録する方法が有効である。また、それを小説や戯曲、ブログの形で表現することができれば、自分以外の多くの人々にも人生の「明るさ」を伝えることができる。ものを書くのが苦手ならば、声を出して「ありがとう」「うれしい」「楽しい」「おいしい」「すばらしい」と言ってみよう。さらにそれに表情や動作を加えれば、人々に伝わる明るさは倍加するに違いない。また、今は記録や表現の手段がたくさんあるから、詩を作り、俳句や短歌を詠んだり、写真やイラスト、絵画、音声、映像、音楽、彫刻などを介した表現もできる。また、演劇やストリート・パーフォーマンス（大道芸）でも人生の〝光〟は表現できるかもしれない。読者それぞれが興味のある分野、得意な分野を選んで、自由に表現してみてはどうだろうか？

ただ、これらの実践に当たって忘れてほしくないことがある。それは、日時計主義とは単に「悪いものを無視」したり、「臭いものにフタ」をする生き方ではないということだ。日時計主義は、「唯神実相」と「唯心所現」という二つの宗教的原理（教え）にもとづいた生活実践である。私が前著で生長の家の教義の中核をなす「実相」について触れたとき、この実相の理会なくして「日時計主義」の意義を本当に理解することは困難だ（同書、四一頁）と書いたのは、そういう理由である。また、「現象として欠点や欠陥が目の前に見えていても、実相がその背後にあるから必ず良くなるという強い信念と信仰がないかあるか」（三五頁）が重要だと述べたのも、その点を示したかったからだ。

だから読者は、日時計主義の実践に当たっては、どうかこの二つの教えを常に念頭に置きながら、単なる生活のテクニックとしてではなく、真理探究の心づもりを忘れずに人生を歩んでいただきたい。これは決して「クソ真面目に」とか「肩肘を張って」とか「緊張して」という意味ではない。生長の家で説く唯神実相の善一元論は、言ってみれば「太陽はいつも輝いている」ということである。それを信じて生きるのに、眉間にシワを寄せたり、コブシを握りしめる必要は全くない。

地球上にいる私たちには、確かに昼もあれば夜もある。また、澄みきった晴天の日もあれば暗雲に覆われる日もある。地球に当たる太陽光の角度や日照時間の関係で、厳寒に身を縮ませる日もあれば、猛暑に汗が止まらない日も来る。それらはしかし、太陽に何か問題があるのではなく、太陽と地球との関係や地球上の諸条件がもたらす「現象」である。私たちが満天の星を眺めている時も、濃霧が立ち込める海を渡っている時も、はたまた厳寒の闇夜に体を震わせている時にも、「太陽は輝いている」ことに変わりはない。その事実を知っているから、私たちは星空の後に来る曙を期待し、霧の晴れる時を信じて待ち、冬の終りと春の到来に胸を膨らませる。いや、それだけではない。私たちは「太陽はいつも輝いている」ことを知っているから、厳寒や闇夜の中にあっても悠然とできるのではないか。月夜に風情を覚えて詩を作り、星空を楽しむ余裕をもち、霧の海の幻想的風景に感動し、高山の雪の尾根を友と一緒に登ることができるのではないか。

太陽の火が消えれば、地球はまたたく間に凍てつき、地上の生物は死に絶える。そういう事態でないと知っていることが、私たちに自由を与えるのである。地上の生活条件がどんなに苛酷であっても、「太陽はいつも輝いている」ことを知っているから、私たちは知識と知性を生かし、道具を工夫し、社会制度を整えて、生存を確保し、文化を生み出す余裕をもち、実際にそうしてきたのである。それと同様に、「神が創造した本当の世界には善のみがある」と知ることで、私たちは、人間の心によって作り出される現実世界の様々な悪現象を目の前にしても、心を委縮させて逃亡することなく、悪現象の〝奥〟に光る善性や、悪現象の〝背後〟に隠れる善意を認め、それを引き出す方策を思いつき、状況を改善することができるのである。

そういう意味で、日時計主義は「本当の世界は善一元である」ことを確認するための生活実践であり、悪現象からの逃亡ではない。しかし、これを単に「悪から目を背ける」ための心理的テクニックだと考える段階の人は、悪現象の〝奥〟や〝背後〟に心を向けることはできない。「あぁ、そこに悪がある」という恐怖心を抱き、それから逃れるために「悪から目を背ける」のである。それでは、そこにすでに悪の存在を認めている。単なる「悪からの逃亡」である。日時計主義は悪からの逃亡ではなく、〝悪〟と見えるものの奥に善を見出す。〝悪〟とは善性が十分に表現されていないという消極的状態であり、善が背後にあることを知っているから、恐怖心に駆られて目を背けることはない。〝悪〟という積極的な存在がそこにあるのではなく、善の表現が不十分なところが〝悪〟のように見えるだけである。それは、「闇」という実体が存在するのではなく、光の不在が黒々として見えるのと同じである。闇を消すためには、闇から目を反らすのではなく、一見闇として見えるものの近くで光を遮《さえぎ》っているものを取り除き、光を通してやれば、自然にそこは明るくなる。その時には、闇はすでに無いのである。そういう解決に至るためには、「光はいつもそこにある」こと、つまり「神が創造された本当の世界は善一元である」との信念と信仰が必要なのである。

日時計主義を実践しよう

前著『日時計主義とは何か?』において、私は日時計主義の背景にある「悪を認めない」という考え方、「心が世界をつくる」ことの科学的論拠、私たちが物事を見たり考えるときの二つの心の傾向――感覚優先と意味優先の見方――などを示した。それらは、主として理論的な説明だった。しかし本書では、話題をもっと日常生活に近づけて、前著で述べた原理を、私たちが具体的にどのように応用すれば、より明るく、より豊かな日々を送ることができるかを示そうと思う。ただし、前述したように、日時計主義の表現手段はたくさんあるから、本書で示すのは、あくまでも「私の場合」の方法である。特に本書の後半は、「私はこんな方法で日時計主義を実践している」という報告であって、決して読者すべてに通用するとは思わない。すべての読者が私と同じ方法を採用する必要はないし、またそうすべきではない。私はたまたま言葉を使う仕事を生業としており、かつ絵を描くことに喜びを見出しているから、言葉と絵を媒介とした日時計主義を実践しているだけである。読者それぞれが得意とし、喜びを感じる手段を使って、日々の生活の中で日時計主義を実践してくだされば、本書における私の目的は達成されるのである。

なお、日時計主義を比較的手軽に実践できる手段として、『日時計日記』という日記帳が生長の家から発行されている。これは、毎日の出来事の中の明るい、積極的な側面だけを記録する日記帳で、平成十九年（二〇〇七年）から発行され、利用者の要望などを取り入れながら毎年、改訂されている。この日記にはインターネット上に設けられたウェブ版『日時計日記』（http://sundial-diary.jp/）のサイトもあり、ここへ書き込むことで、世界中の人々と協力して、真実なること、善《よ》いこと、美しいことが、私たちの周囲に溢れているという事実を共有できる。本書の主張に賛同される読者には、日時計主義の〝入門キット〟として参加をお勧めする。

人生の光明面を見る生き方には一定の〝型〟などない。人の誉《ほ》め方に無限のバリエーションがあるように、人生の誉め方にも無限のバリエーションがある。本書が、そんなバリエーションの一角を埋めることができれば、喜びこれに勝るものはない。

第二章　絵　心

私は、四十代の半ばを過ぎてから突然絵を描くようになった。具体的には、平成九年（一九九七年）の十二月、妻と一緒に東京・新宿の三越美術館で行われていた平山郁夫画伯の絵画展を見に行ったころからである。

この絵画展は、アジア各地に残る貴重な遺跡や文化財が、戦争や貧困のため失われつつあることに心を痛めた平山画伯が、これら人類共通の遺産を守ろうと企画したものだった。

会場には、トルコ・イスタンブールのブルーモスクの夜景や、チベットのポタラ宮、東大寺の大仏殿など、アジアの古くからの宗教施設や、落日の砂漠を行くラクダの隊商の姿など、東西の交流を描いたものが掲げられていた。しかし私は、そのような大型で完成された絵から受けた感動よりは、画伯が現場で対象と向き合いながら素早く描いた素描のもつ、軽妙で動的な存在感に衝撃を受けた。それは量感や色彩の美しさではなく、線描のもつ力と動きだ。引き締まって緩まない線が、対象の輪郭を過たずに周囲から切り取る一方、彩色は紙の滲《にじ》みを生かし、柔らかく対象を包んでいる。この硬軟の組み合わせで、建物や風景や仏像が、上等の陶磁器のような存在感をもって私の前に提示されている。あるものは繊細で清楚であり、あるものは暖かく豊かであり、またあるものは豪華で重たげだった。

それまで時々、写真を撮っていた私は、同じ平面芸術である絵に、これほどの表現力があることに気がつかなかった。写真は、目の前の風景や人物にレンズを向け、それらが自分に訴えかけるものがファインダーの四角い枠の中で効果的に生きるように切り取る。この切り取ったり、画角を変えたり、遠近の移動をしたり、光で対象を浮き立たせたり、また沈めたりすることは、対象がすでに目の前にあり、しかもカメラのファインダーの中にあることを前提とする。

しかし、絵画の場合、特に素描は、まったくの空白のひろがりの中に線で対象を写し取るところから始まる。これはファインダー内にすでに存在するものの一部を切り取るよりも、はるかに手間のかかる作業だ。が、手間がかかるがゆえに自由度も大きい。最初の一本の線から、それは太いものにも、細いものにも、揺れ動く繊細な線にも、確固たる直線にもできるし、またそれらを組み合わせて立体を描くこともできる。重いものを軽く描くことも、軽いものを重く描くことも、小さいものを大きく、大きいものを小さく描くことも自在だ。だから、このような方法をマスターできれば、自分の経験や感動を描き留める手段としては、写真以上に有用なものかもしれないと感じた。

絵を描いた経験のある人は、そんな簡単に絵は描けないことをご存知だ。その通りである。何も描いていない画用紙に、一本の生き生きとした線を引くことができるようになるまでには、数限りない描線の練習が必要なのだ。しかし、一流の画家の絵は、そのような苦労を感じさせずに、いかにも自由に、ラクラクと美しい線が引けるかのように描かれている。そういう印象に、私はまんまとハマってしまった。

こういうとんでもない素人判断に加えて、私が絵描きに走ったきっかけの中には、もう一つの誤解がある。それは、「何を描いても絵になる」という印象である。この印象を与えてくれたのは、玉村豊男氏の絵である。

玉村氏のことは、妻から教わった。

氏は、長野県の東部町の丘の上に家を建てて、農耕生活をする一方、エッセイや絵を描き、料理をこなし、自分でソーセージやワインまで製造してしまうという多芸多才な人だ。『田園の快楽』（世界文化社刊）などの著書によると、玉村氏は三十代の頃は東京でエッセイストとして生活していたが、一九八三年六月ごろから軽井沢に移り住み、「緑の中で散歩やテニスに興じながら、書いた原稿をファックスで東京に送る」という生活を始めた。しかし、三年ほどで病気で倒れ、その後二年ほど闘病生活を余儀なくされたという。これが人生の転機になったと氏は言うが、絵を描き出したのはその頃だったと氏は書いている：

ちょうど同じ時期に妻は友人に紹介されて御代田の園芸家の農場に通いはじめており、自然のままの美しい花や、穫れたてのおいしい野菜や、見たこともないようなハーブを持って帰ってくる。私はそれを絵に描き、食べて味わい、しだいにそういう生活に心を惹かれるようになっていったのである。（同書、一二八頁）

このことを氏は「病気療養中の手なぐさみとしてはじめた」と表現するが、氏はもともと画家の家に生まれ、中学・高校時代は美術部にいて絵ばかり描いていたというから、素質があったことは確かだろう。

一九九八年の七月、私は妻に連れられて銀座の松屋デパートで行われていた氏の作品展を見に行った。そこには、氏が自分の農園で栽培した作物や花の絵が多く掲げられており、それを見た私は、自ら育て収穫した野菜や果物に対する氏の愛情を感じ取った。私は、キュウリやカボチャやタマネギなど、どこの八百屋やスーパーにもあり、普段から見慣れているものが、こんなに存在感をもった、しかも水々しく美しいものであることに気がつかなかった。会場に佇《たたず》みながら、自分は今まで何を見て生きてきたのかと、私はしばし呆然とした。

ちょっと乱暴な言い方をすれば、要するに「何を描いても絵になる」と感じたわけだが、これが間違いであることは読者にはお分かりだろう。その間違いは、「何を写しても写真になる」というのと同じである。確かに、ストロボとフィルムの入ったカメラさえあれば、カメラのレンズを何に向けても、よっぽどの悪条件でないかぎり、フィルムには何かが写るだろう。しかし、その「何か」を普通は「よい写真」とは言わない。これと同様に、何かを目の前に置き、その形と質感と色を紙の上に写し取れば、確かにそれは「絵」のようなものになるかもしれない。しかし、それが「よい絵」と評価されることは稀である。絵は、単なる外界の平面コピーではない。外界と絵との間には、人間が介在している。その人間が、外界の何を、どのように感じたかによって、同じリンゴが、同じ建物が、同じ風景が、別の絵になってしまう。最も重要なのは、絵を描く人間の「心」である。技術ももちろん重要であるが、いくら技術が優れていても、「絵心」

が動かなければ何事も「よい絵」にはならない。だから、日常生活で触れる何事をも「よい絵」に描いてしまう人がいたら、その人は自分の身の回りの些細なことも疎《おろそ》かにしない、行き届いた心をもった人に違いないのだ。

もう一人、私が突然絵を描き始めるに際し、後ろから背中を押してくれた人がいる。それは、永沢まこと氏だ。永沢氏のことも、妻が教えてくれた。

彼女は永沢氏の妻君である宮本美智子さんの本を何冊も読んでいたらしい。日本橋近くの書店で宗教書を物色していた私に、妻は氏の『旅でスケッチしませんか』(講談社刊)を示して「あなたもやってみたら?」というような顔をして笑った。すでに旅先で何枚かスケッチをしていた私は当然興味をもったが、あまりにもピッタリの題名の本だったので、すぐに手を出すのはシャクだと思い「ふーん」というように眉を上げた。このあと私が、その本を手に取ったのは言うまでもない。

永沢氏は、日本でイラストレーターとして出発した後、ニューヨークでのスケッチが現地の週刊紙で認められ、個展をひらくまでになった人で、氏独特のペンを使った〝速描きスケッチ〟がその本には豊富に掲載され、描き方のコツなどについても詳しく書かれていた。この本のスケッチ画の生き生きとした力強い線と、底抜けに明るい色彩を見て、私は感嘆した。その本でいちばん印象に残ったのは、次のような箇所だった：

外へスケッチに出かけたりするのは、たいてい下調べや参考の資料にするためです。

長年その習慣で絵を仕上げてきたので、ニューヨークで描いたスケッチをホテルの机に置き、線もきれいにしながら描き直そうとしたのですが、いくら描き直しても、最初に現場でサーッと描いたナマのスケッチよりよいものができません。速く描いたため、たとえば手足のデッサンが狂っていたり、顔がひん曲がっていたりするので、直したくなるのです。直せば、たしかに絵としては「正しく」なるのですが、スケッチ独特の動きや、リアルさが見事に消え去ってしまうのです。「正しいけれども、つまらない絵」になってしまうのです。

これに気がついてからは、一度その場で描いた絵はいっさい後から直したり、手を加えないことにしました。

これによって「一回かぎり、やり直しなしの勝負」の気持ちで描くスケッチの線には、「後で直せるから、とりあえず」という下描きの気分で描く絵とは明らかに違う迫力、生き生きとした雰囲気が出てくるということが分かってきました。

（同書、六二頁）

何年も修業を重ねた画家が「私はこうやって絵を描いた」と語ることと、それを聞いた素人が、「よし、そうやって絵を描こう」とすることとは、全く別のことである。しかし、これが別物だと分かるようになるまで、私は待っていられなかった。早速、その本で推薦されていたペンを画材店で探し、固形水彩絵具を入手して、永沢氏のタッチを真似するつもりで、私は旅先でペンを走らせるようになった。

意識の向け方

こういう〝実習〟を続ける一方で、私は「ものを見る」ことと、その背後にある「見る心」との関係について考えるようになっていた。つまり、人間の眼球から入る光の束が網膜に何かの映像を映すことと、その網膜の映像を心が感じ、あぁそこに何かがあるなと意識することとは、二つの別のことだということを知るようになった。このことは当初、理論的に私に理解された。というのは、私は宗教の教えを伝える仕事を本業としているので、人間の体験と心との関係を学んでいるうちに、知覚心理学や認知科学の分野での様々な実験で、このことが確認されていることを知るようになったからだ。もっと簡単にこれを表現すれば、人間は感じていても意識しないことが沢山あるのだ。

例えば、テレビをつけたまま料理をしている人は、そのテレビから聞こえてくるニュースキャスターの声のひとことひとことを意識してはいない。が、その人の聴覚にはすべてが感覚されている。にもかかわらず、その人の意識は、ある時は手元で動かす包丁によって千切りにされていくネギのサクサクという音を聞いており、またある時は、水道の蛇口から流れる水の音を聞いており、電話が鳴れば、その音に注意を集中して水の音は忘れてしまう。そして、テレビキャスターが自分の好きな野球選手の名前を読み上げた時にだけ、その声に注意を振り向けて、ニュースの内容を聞こうとする。こういうように、人間の心は、聴覚から入力されるすべての音の中から、自分に関心のあるものだけを選択して意識に伝え、それ以外のものは排除して、その人の意識に伝わらないようにしている。

これは聴覚に限ったことではなく、視覚でも、嗅覚でも、味覚でも、触覚でも同じことが行われている。視覚について言えば、我々は自分に関心のあることだけを選択的に見ている。視覚から入る情報は実に大量であるから、そのすべてを意識に伝えていては、意識はたちまち情報過多で処理不能を引き起こす。だから心は、その中から自分にとって重要だと思うものだけを掴み取って意識の表面に昇らせ、残りは無意識の中に沈めてしまう。つまり、我々には、目で見ていても意識が知らないことが沢山あるのだ。聴こえていても、聴いていないことが沢山あるのだ。嗅いでいても、臭っていないことが沢山あり、触っていても感じていないことが沢山あるのだ。したがって我々が知っている世界は、感覚器官から入力される情報の中から、自分の関心のあることだけを摘み取って再構成した〝心の作品〟であるといえる。

このような「世界の再構成」は、どうやら言葉によって行われるらしい。つまり、言葉を使って考えることにより、簡略化した自分の世界を作ってしまうのだ。別の言い方をすると、我々の感覚器官から入ってくる情報はあまりにも大量で多様であるために、我々の意識はそれをいっぺんに把握できない。そこで我々は言葉を使い、それらの情報に大まかなラベル（名称）をつけて分類し、その言葉を論理的に組み立てることで、世界を頭の中で単純化して把握する。

例えば、我々の日常生活の場では、自分の「手の平」のことはあまり意識しない。意識する機会があるとすれば、何かに興奮して「私の手の平は今汗ばんでいる」と知る時ぐらいだ。日常生活では、それでほとんど用が足りるだろう。だから、普段我々は、それ以上の情報を自分の手の平から得ようとはしない。それ以上の情報を視覚や触覚が伝えてきても、それを意識化することはない。しかし、意識をきちんと手に振り向けてみれば、「手の平」とか「汗ばむ」などという言葉で表現されるような単純な部分的情報以外にも、はるかに多くのものを我々はそこに見出すことができる。

試しに読者は今、自分の手の平を無心になって眺めてみてほしい。するとまず第一に、眺める「手の平」が右なのか左なのかが問題になる。それによって見えるものも違ってくるだろう。例えば、私の左の手の平を見ると、薬指の根元のところには、銀色の結婚指輪がはまっている。右の手の平には、そんなものは見えない。また、左手の中指の〝腹〟の部分には、表皮の裏側あたりに黒っぽい小さな、ゴマ粒ぐらいの点が見える。これは、私が小学生の時、鉛筆の芯が刺さって黒くなったものが、芯はすぐ取れたがその跡がずっと残っているものだ。また、手の平には「手相」と呼ばれる皺《しわ》が縦横に走っている。手相の研究をしたことのある人はご存知だが、この皺は左と右では大分違う。さらに手の平をよく眺めていると、皮膚の下を走っている静脈が、青っぽく透けて見える部分があることに気づく。そして「色」に注意を振り向けると、手の平に見える色は実に数が多いことに驚かされる。「肌は肌色をしているだけだ」などと言ってはいけない。そこにはピンクや紫、黄色や茶色もある。そして、その手の平を返して甲の側を見ると、そこには、手の平とはまた一風違った色合いの肌があるのである。

通常我々は、こんなに綿密に自分の手の平を観察することなどしない。電車やバスの吊革を握ろうとして自分の手を意識したとしても、それは「手の平が汗ばんでいるな」という程度の情報しか得ようとしない。この情報は、我々が「手の平」「汗ばむ」などの言葉を使うことによって極端に単純化されたものである。このような言語による思考の過程では、感覚器官からの情報の入力は我々の意識によって制限されているようだ。つまり、その時々の関心事と関わりの少ない情報は、目で見えていても、肌で感じられていても、意識はそれを受けつけない。逆に考えれば、この意識による情報制限によって、我々は効率的で、合目的的な生活を送ることができるのである。しかしその反面、我々は日常生活の大部分を、このような言葉を使った思考によって世界を単純化して送っているので、感覚からの入力を素直に受け止め、ゆっくり吟味するような練習が不足しているのである。

二つの脳

アメリカの神経科学者のマイケル・ガザニガ博士（Michael S. Gazzaniga）は、この「言葉による思考」を行う脳を「解釈者（the interpreter）」と呼んでいる。この解釈者は、大多数の人は脳の左半球にあり、我々の内部と外部で起こるあらゆる出来事を説明する役割を担っている。我々の「外部」で起こる出来事がどんなものかは、あまり説明の必要はないだろう。それは普通「外界」とか「外の世界」とか「環境」と呼ばれる場所で起こる出来事で、例えば「ネコが目の前を走った」とか、「友人が目配せをした」とか、「おいしそうな料理が並んでいる」などと我々が認識するものである。しかし、これに対して「内部で起こる出来事」が何を指すかは、少し分かりにくいかもしれない。

神経科学者や心理学者の間では、今や〝常識〟として認められていても、我々一般人には〝非常識〟に聞こえることの一つに、「我々の行動のほとんどは無意識に行われる」という事実がある。先に挙げたガザニガ博士は、「我々の脳が行うことの九八％は、我々の意識の外側で行われる」というほどだ[1]。例えば読者が今、結構人通りのある公園の一角で本を開き、あるページに並ぶ文字の配列を目で追っているとする。その時、視界の片隅からネコが現われて目の前を横切って行ったとする。前述したように、これは明らかに我々の「外部で起こる出来事」である。しかし、読者は、先ほどまで本を読みながら、ネコと同じ方向に目の前を横切っていく多くの人々の姿や、その足や、コートの裾やスカートのひらめきを視野の片隅で同じように感じていながら、そういうものには注意を引かれず、ネコの姿にだけ注意を引かれた理由については簡単には分からない。

こう書くと、頭の回転の速い読者の中には、「理由はすぐに分かる」と反論する人がいるかもしれない。その人は、「理由は、そのネコが薄茶色の縞模様をしていて、家の近くで見かけるネコとよく似ていたから注意を引かれたのだ」と言うかもしれない。しかし、本を読んでいる時に、我々は視界の片隅に映るものをいちいち気にしているだろうか？　そこに映る縞模様が薄茶色であるか、黒であるか、赤であるかなどを気にしていて、はたして本が読めるだろうか？　答えは、否である。では、気にしていないのに、どうして薄茶色であることが分かるのだろうか？　この答えは、少し複雑である。それは、「無意識的には知っていても、意識はそれを知らない」というような答えになる。「何を言っているのか分からない！」と怒らないでほしい。先に、私は「我々には、目で見ていても意識が知らないことが沢山ある」と書いた。また、聴こえていても聴いていないこと、嗅いでいても臭っていないことが沢山あり、触っていても感じていないことが沢山あるとも言った。それを思い出してほしい。つまり、我々の感覚器官は、（聴覚を例にとると）公園で本を読んでいる時でも、周りの鳥やセミの鳴き声を聞いているし、通り過ぎる人々の足音も聞いているし、その向こう側を走っている自動車やバイクの音も聞いている。「聞いている」と言うよりは、そういう様々な音の混合物が「鼓膜を通じて脳に伝わっている」と言った方が正確かもしれない。つまり、そのような外界からの様々な刺激が脳の中に伝えられることが「内部で起こる出来事」である。しかし、その脳内の出来事の中から、「シジュウカラの声」「ミンミンゼミの鳴き声」「ハイヒールの音」「サンダルを引きずる音」「ディーゼルエンジンの音」「軽四輪の音」を見つけ出す仕事は、我々の意識がそれに注目し、左脳の解釈者が言葉によってそれを取り出すまでは、意識的に存在を認められることはない。そして、このような様々な刺激の中から、(視覚を例にとると)ある時点で「薄茶色の縞模様のネコ」だけが存在を認められた理由は、実は無意識の中に隠されているのである。その理由を、「家の近くで見かけるネコとよく似ていたからだ」と解釈するのは、我々の左脳の仕事であるが、それは正しい場合もあれば間違っている場合もある。なぜなら、左脳に棲む〝解釈者〟は、自分にとってツジツマの合う話をするためには、惜しげもなく創作を行うからである。

この「左脳の解釈者の創作」をドラマチックに示した有名な実験がある。

人間の脳には「右半球」と「左半球」があることをご存知の読者は多いと思う。この脳の半球の「右」と「左」は、我々の見る世界の「左側」と「右側」にほぼ対応している。(ここで、左右の関係が入れ替わっていることに注目してほしい。)もっと別の言い方をすると、我々の視野の右側半分は脳の左側半分に投影され、視野の左側半分は脳の右側半分に投影される。つまり、世界の半分ずつを、脳が左右で分担して見ているのである。この脳の左右分担は、視覚だけでなく、身体の諸器官や、普通は「心の働き」と考えられている物事の認知、言語活動にも及んでいる。

先ほど、我々の脳の左半球は、大多数の人にあっては「言葉による思考」を担当していると書いた。これに対して右脳は、物事の認知に関わっていると考えられている。脳は、これらの左右に分かれた諸機能を統合するために、複雑極まりない〝配線構造〟をもっている。その一つに、左右に分かれた大脳の中間部分にある「脳梁《のうりよう》」と呼ばれている構造がある。この神経の束は、左右の目、その他の感覚器官から入った情報を結び合わせて、頭の中で一つの世界像を構築する過程に重要な役割を果たしている。ところが、癲癇《てんかん》の患者の中には、この脳梁を切断することで、症状がなくなったり軽減する場合がある。このような大脳の左右の半球を分離してしまった状態が「分離脳」である。こういう患者はあまり数は多くないが、そういう分離脳の患者の協力を得て、一九六〇年代末期から一九七〇年代にかけてカリフォルニア工科大学のロジャー・スペリー博士を中心にしたグループによって右脳と左脳の働きを調べる研究が行われた。先に挙げたガザニガ博士は、このグループの一員だった。

そのような研究の一つで、分離脳の患者の左脳に何か絵を見せ、それと全く違う絵を右脳に見せる実験が行われた。この絵は、テレビやコンピューターのような表示装置を使って瞬間的に見せられる。そして患者は、絵を見せられた直後に、目の前に置かれた何枚もの絵の中から、見せられたものと関係が深い絵を選ぶのである。この選ばれる方の絵は、左あるいは右に寄せられているので、右目（左脳）は左側の絵を見ることはできず、左目（右脳）は右側の絵を見ることはできない。

こういう設定の下で、ある時、ニワトリの足の爪が左脳（言語優位脳）に瞬間的に映され、右脳（認知優位脳）には雪の降る景色が映された。被験者の前には何枚もの絵が置かれていたが、その中で見せられた絵と最も当り前な関係のものは、「ニワトリの爪」に対しては「ニワトリ」であり、「雪の景色」に対しては「雪かき用のシャベル」だった。

だから、正常の分離されていない脳をもった人の場合、右手は「ニワトリ」の絵を選び、左手は「シャベル」を選ぶ。「シャベル」を選ぶのは、雪かきのためであることは明らかだ。ある分離脳の患者は、はたしてその通りにシャベルの絵を左手で選び、ニワトリの絵を右手で選んだ。しかし、なぜそれを選んだかを聞かれた時、こんな奇妙な答えをしたのである…

「それは簡単さ。ニワトリの爪はニワトリと一緒だし、シャベルはニワトリ小屋を掃除するのに必要だから」

この答えは誤りである。患者は、まるで「雪の景色」を見なかったかのように答えているが、彼の右脳（左側視野）には確かに「雪の景色」は映されており、彼の左手はそれに応えて「シャベル」の絵を選んだはずだ。しかし、この行動を観察していた左脳（言語優位脳）には、脳の分離手術のために右脳の見た「シャベル」の情報が伝わっていなかったため、左手のしていること（シャベルを選ぶこと）を観察し、分かっている文脈の中で――つまり、右脳の見た雪の景色を無視して――一貫性のある行動をとったような解釈を下したのだ。

ガザニガ博士は、この結果について、次の点を強調している：

ここで興味深いのは、左脳は「オレはシャベルの絵を選んだ理由は分からない。だって、自分は分離脳だからさ。あなたは恐らく、言語能力のない側の半分の脳に何かの絵を映したんだろうが、オレはシャベルを選んだ理由なんか分からない。もうそんなバカな質問はしないでくれ」と言うことができるにもかかわらず、左脳は、自分が行動の主体性を全面的に握っているかの如く、作り話を創作したということだ。我々の左脳の解釈者は、このように、知覚した情報をまとまりのよい一つの全体の中に組み入れるのだ。[2]

このように、多弁な左脳の解釈者は、右脳の行った行為とその動機を知らない時でも、知ったかぶりをして、自分の都合のいいように右脳を支配下に置こうとする。しかし実際は、右脳は右脳独自の能力を発揮して、自分に課せられた仕事をこなしているのだ。左脳の支配は、したがって実際の支配ではなく、言葉によって右脳の行動を解釈してその通りだと信じ込むという種類の、見かけ上の支配であることが分かるだろう。

心理学者、下條信輔氏の次の言葉は、この文脈の中での右脳と左脳の得手、不得手の違いをよく表現している：

つまり、右半球系は視覚情報に基づいて触覚的同定課題を遂行することができますが、その課題遂行を自覚的にモニターし、言語報告することができません。他方左半球系はその（左手の）ふるまいを見て、何が起こっているかを推測します。いってみれば、右半球と左手は患者の「知らないうちに」知的にふるまって課題を解決してしまうのであり、そのとき左半球の言語系は「隣人」の勝手なふるまいにとまどっているかのようにふるまうのです。

（下條信輔著『サブリミナル・マインド』、七五頁）

「触覚的同定課題」とは難しい表現だが、「手で触れたものが何であるかが分かる」というほどの意味だろう。前述の実験の文脈では、「雪の景色」と関係の深い「シャベル」の絵を選ぶことはできる、という意味になる。しかし、その事実を言語によって報告することができないため、言語能力で優位にある左脳の方が本当の理由を推測（解釈）するのだが、分離脳の場合には右脳の得た情報を左脳が知らないために、間違うことが多いのである。

絵は右脳で描く？

このような学問的成果を知ったからといって、絵をうまく描けるというものではない。しかし、この科学的知見は、私がそれまで漠然と抱いていた絵を描くことについての運命論的な考え方を変えてくれたことは確かである。それまでの考えでは、私は絵を描くためには一種の「才能」が必要であり、これがなければどんなに練習を積んでも絵はうまく描けないものだと考えていた。しかし、右脳と左脳がそれぞれ別の得意分野をもっていて、その一方が言葉を使った論理的思考であり、もう一方がものを見たり感じて、素早く行動することであると分かると、どんな人間でも、この両方の能力を潜在的にもっており、練習によってそれを伸ばすことができるという考えに導かれる。こちらの考えの方が、人間の可能性についてずっと肯定的であり、ずっと希望的である。[3]

希望はしかし、実現の道が具体的に示されねば魅力が乏しい。「どんな人間でも絵がうまくなれる」という具体的方法が、本当にあるのだろうか？　この疑問に真正面から「イエス」と答えている人に、私はまもなく巡り会った。

この人は、米カリフォルニア州立大学のベティ・エドワーズ（Betty Edwards）教授で、前述したような最近の神経科学の成果に立脚して「脳の右側で描く」ための具体的方法を開発した人だ。エドワーズ教授は、我々の脳が言葉を使って「考える」時の状態と、「見」たり「観察する」時の状態とは、異なるモードであることを指摘し、絵を描く時には、前者から後者への切り替えが必要だという。それによって人間は、より明らかにものを見ることが可能となり、そこから絵を描くことの喜びと技術の習得が行われるという。

彼女の本の中には、左脳の働きを優先させて我々がいかに先入見をもって世界を見、そのために世界を「そのまま見る」ことを忘れているかが、明快に描写されていた‥

私たちには、見たいと思っているものや見たと決めつけたものを見る傾向があります。しかも、その願望や決めつけは意識的な過程ではありません。そうではなくて、脳はしばしば意識に上らせることなく、願望や決めつけを行い、そして網膜に映った視界の生のデータを変形ないし再修正し、ときにはまったく無視してしまうことさえあるのです。描くことを通じて知覚を学ぶことは、このプロセスを変えることになり、これまでとは異なった、より直接的なものの見方ができるようにするものと思われます。脳の編集機能はある程度停止状態になり、その結果、もっとよく見ることができるようになるのです。

（B・エドワーズ著／北村孝一訳『脳の右側で描け』、Ⅷ頁）

このことは、私が普段から感じていること、とりわけ絵を描くようになってから実感を強めていることを簡潔に示していた。

普段我々は、多くの場合、物事に名前をつけて、それで事足れりとしている。あそこにミカンがあり、テレビがあり、テーブルがあり、電話が鳴っている——という程度の認識しかしていない。そこに置いてあるミカンの表面の滑らかな曲線や、艶やかで弾力のある皮の質感、手に取った時の心地よい重さ、鼻を近づけると分かるあの甘酸っぱい香りなどは一切無視して、「あ、ミカンだ」と対象に名前を貼りつけて、すぐに別の対象に注意を移していく。テレビを見ても、その時どんな番組を放映しているかにもっぱら関心があるため、その黒っぽい機械の重量感や、画面のゆるやかな曲線、電波という目に見えないものが鮮やかな色、壮大な音を作り出すことの不思議さなどに注意を払うこともない。テーブルの表面に西日が差し込み、その木肌の一部が黄金色に輝いていたり、その上に置かれた花瓶の影が、えも言われぬ優美な曲線を描いていたとしても、そんなことは一向に気がつかない。電話が鳴っていれば、相手は誰であるかに関心を示しても、その電話機の鳴る音が、台所で天婦羅を揚げている音と重なって、不思議なハーモニーを作り出していることや、その電話機を買う際、何種類もの電話機のデザインを比べた後にそれを選んだことなど、とおの昔に忘れてしまっている。そういう「名前」や「単語」にすべてを置き換えてしまった無味乾燥な世界の中にいる時の方が、圧倒的に多いのではないか。

そういう言語による単純化された論理的な関係ばかりでは、我々の生活にはとかく潤いがなくなり、美的感動を味わうことができなくなっていく。我々の〝外側〟にあるすべてのものが、このような見方が高じると、やがて自己の「手段」となり、「利用対象」のように思われてくるので、自己目的に反するものは〝邪魔物〟に見え、利用価値のないものは〝廃棄物〟であるかのごとく感じられてくる。本来、無目的であっても一向構わないはずの人間関係でも、こういう心理状態の下では「利用関係」「競争関係」ないしは「敵対関係」となり、そのような関係の中で我々の神経は擦り減り、やがて心が荒《すさ》んでくることにもなりかねない。

現代人は「ストレスの多い生活」をしているとよく言われるが、このストレスの中で精神的なもののほとんどは、我々の日常生活が左脳によるものの見方にあまりに偏重しているからではないか?——こういう可能性がリアリティをもって感じられてくるのである。

私はかつて『心でつくる世界』(生長の家刊)を書いた時、リチャード・ラザラス博士(Richard Lazarus)とスーザン・フォークマン博士(Susan Folkman)のストレスの定義を紹介した。それによると、心理的ストレスとは「人とその環境との関係について、本人がそれを負担に感じ、あるいは自分の能力を越えているため自分の幸福を脅かすと評価したもの」(同書、二一七頁)である。この定義に従えば、心理的ストレスの原因は、自分と環境とを一種の対立関係の中に置き、それに負担を感じたり、それを脅威に思ったりする「心の動き」や「態度」であって、環境そのものの客観的状態ではないということになる。もっとわかりやすい表現をすれば、心理的ストレスとは、自分の心が勝手に作り上げた実体のない〝亡霊〟のようなものである。だから、それを消すためには、心の向きを変えればいいということになる。〝亡霊〟から逃げるのではなく、心を開いてそれに〝光〟を当てれば、それが単なるススキの枯尾花であることが分かり、ストレスは解消するのである。

現代の医学では、心理的ストレスが多くの病気の原因になっていることが最早常識化しているが、この考え方にもとづけば、病気の治療に精神的、心理的方法を取りいれることに何の不思議もない。だから、アメリカの一流の病院へ治療に行った人が、瞑想のトレーニングをさせられるというような現象も起こっている。

干しブドウを食べる

アメリカ東部のマサチューセッツ大学の医療センターという所に「ストレス緩和クリニック（Stress Reduction Clinic）」をつくり所長をしているジョン・カバト＝ジン（Jon Kabat-Zinn）という人がいる。この人は大学医学部の教授であるが、仏教の先生でもあり、この医療センターで瞑想を教えている。我々日本人には、瞑想を教えるのは比較的楽かもしれない。なぜなら、東洋文化の伝統の下では、「瞑想」とは何をすることなのかは、何となく分かっているからだ。しかし、アメリカという国はヨーロッパから来た移民がつくった国で、文化も西洋が基礎となっている。もちろんこの地には、アジア系、アフリカ系の移民も多くいるが、ヨーロッパ系が多数派であり、政治制度や社会制度もヨーロッパ系だ。特に東部ではヨーロッパ系の伝統がまだ強く残っている。瞑想の習慣は、しかしヨーロッパ系というよりはアジア系で、アメリカ社会には最近、東洋系の移民の多い西部のカリフォルニア州あたりから入ってきて、ようやく全般に浸透してきたものだ。そういう東部のアメリカで、病気治療のために大学病院へ行くと瞑想をさせられるという例は、かつては珍しかったし、また多くの患者から違和感をもって迎えられたと思われる。

こういう文化的な距離を埋めるために、カバト＝ジン博士は面白い方法を考えついた。それは、「干しブドウを食べる」練習である。干しブドウ（レーズン）は、普通は練習などしなくても、我々は子供の頃から手軽に食べている。しかし、このクリニックでは、そういう〝手軽〟な食べ方ではない方法を学ぶのである。

まず、カバト＝ジン博士は、集まってきた人たちに三粒ずつ干しぶどうを配る。そして、それを一粒ずつていねいに食べるように指導する。「ていねいに食べる」という言い方が分かりにくい場合は、「十分味わって食べる」と表現した方がいいかもしれない。それは、こんなふうな食べ方である――最初に一粒を手に取って眺めてみて、感触を確かめる。それから、その甘酸っぱい匂いをかいでみる。そして口の中に放り込んでじっくりとかみしめる。何回もかんで、形が感じられなくなるまで完全にかみ砕いてしまう。その後、唾液と一緒に食道の奥に静かに送り込む――こういう食べ方をするのである。これを口をきかずに静かに、感覚から送られる味や感触に注意を集めて行うのである。

そうすると、大抵の人は新しい発見をする。それは、レーズンという食べ物は実においしいということに気がつくのだ。「一粒のレーズン」などというものは、どこにでもある、誰でも手に入れることのできる、日常口にしているものである。我々の食生活の中では「ありふれたつまらないもの」と思われているかもしれない。しかし、これをそういう食べ方で味わってみると、「自分は今まで数限りなくレーズンを食べてきたはずだが、今日食べるレーズンが一番おいしい」ということに気がつく人が多いのである。

このようにして、与えられたレーズンを三粒食べ終わる頃には、なるほど自分は今までレーズンの味というものに目をつぶってきた、目覚めていなかった、気がついていなかった、と分かるのである。それと同時に分かることは、以前はレーズンを食べながら別のことに心を奪われていたということだ。その時、新聞を読んでいたかもしれない、子供のこと、仕事のことを考えていたかもしれない、朝食の時にレーズンを食べたはずだが、テレビを見ていたので、どんな味だったか思い出せない——そういう「心、レーズンにあらず」という食べ方をしていたことにハッと気がつく。そうすると、自分の普段の心が、目覚めているようで実は眠っており、感覚しているようで実は感じておらず、その代わり、心の中に自動的に去来する様々な「思い」が言葉の形で溢れていることに気づいてくる。そして、そのような心の〝自動運転〟を鎮めることが瞑想の第一歩だと分かるにつれて、瞑想することの意味が理解されてくるのである。

目覚めた心　豊かな心

このように考えてくると、我々が普段意識していること、心を向けているもの、心を留めているものが、何か不自然で、どこか人工的で、自分勝手につくり上げた自己本位のものではないかということに気がつくだろう。我々はその気になれば、もっと人生における多くの物事を味わったり、感動したりすることができるのに、そういうものにほとんど目をつぶっている、注意を向けようとしていない。

このような心の持ち方は、都会生活をしている人にとってはある程度仕方がないかもしれない。「目をつぶって生きる」ことが賢明と思えるような状況も、残念ながら一部にはあるのである。例えば、毎日の殺人的な通勤ラッシュの中では、あまり人の顔ばかりジロジロ見ているとケンカになってしまうかもしれない。また、混雑している街中では、通勤途中で立ち止まって道端の花を眺めていたりすれば、交通の邪魔になるかもしれない。そういう事情もあって、都会人はよく「途上にある」ような焦点の定まらない中途半端な精神状態であることが多い。つまり、「自分は今A地点からB地点に行くまでの途上にあり、そのためにこの電車に乗っている。だから、AやB以外のことは自分に関係ないのだから見ないで、考えないようにしよう」というような、一種の〝自閉モード〟である場合が多い。すると、目の前に素晴らしい経験をするチャンスがぶら下がっているにもかかわらず、それを「関係ない」として排除してしまうので、多くの貴重な経験が人生から抜け落ちていくことになりがちである。

そういう心の状態から目覚めることを、カバト＝ジン博士は、「mindful（マインドフル）」という言葉で表現している。「mind」というのは「心」で、「ful」は「いっぱいある」ということだから、「心いっぱいに物事を感じる生き方をしなさい」というわけである。

この「途上にある」心の状態を表現するのに、心の「自動運転」(automatic pilot)という言葉を使う人もいる。具体的な例を、一つ挙げてみよう。作家の吉行淳之介氏の作品の中に『手品師』という短編小説があり、その出だしの部分に、そういう心の状態がうまく表現されている。我々はよく自分で作り上げた日常生活のベルトコンベアのようなものに乗ってしまって、そのまま何も見ないで、何も考えないで、自分に目隠ししたような状態で生きてしまう。それが「自動運転」である。次の引用文の中に「倉田」という人が出てくるが、それがこの小説の主人公である:

馴染のない街を、倉田はゆっくりと歩いていた。咽喉《のど》が乾いたので、ビールを飲みたいとおもいながら歩いていた。道の両側にときおり見かける酒場は、扉をかたく閉ざしている。考えてみれば、大部分の酒場は道に面した小さい入口をもっていて、その入口には扉がある。それは当り前のことで、拒否されている気持になる必要はない。

しかし、見知らぬ店のその扉を気軽に押す気持にはなれない。得体の知れぬ気持がする。悪質の酒場もあると聞いている地域なのだ。

そのとき、眼の前のそういう扉の一つが開いた。板割り草履《ぞうり》をはいた若い男が扉から出て、そのうしろに若い女の白い顔があった。化粧もほとんどしていない清潔な皮膚で、まだ少女の骨格である。

「じゃ、また来るからな」

男はそう言って、少女のほうにいったん向き直り、威勢よく手をあげると、くるりと背を見せて歩き出した。少女は、その店の女である。その顔に浮んだ笑いは、あきらかに商売上のものとみえたが、男が歩き出しても笑いはそのまま消えずに残った。男への好意のためでなく、即座に笑いを消してしまうことに馴れていない感じである。

その感じが、倉田に好もしくおもわれると同時に、安心もさせた。こういう女のいる店なら、悪質な酒場ではあるまい、と考えたのである。

（『群像　日本の作家21　吉行淳之介』、二七四～二七五頁）

これは実話ではなく小説だが、我々の実際の心の状態をよく描いていると思う。この倉田という主人公は旅人のようであり、見知らぬ街に来て咽喉が乾いたので、どこかの酒場でビールを飲みたいと思っている。この「ビールを飲む」という目的に基づいて街を見ると、ここに描いてあるような街が見えてくるわけである。情景描写では、「酒場の入口」がいくつも見えたことしか書いてない。「ときおり見かける酒場」と書いてあるわけだから、酒場以外のものも見えているにもかかわらず、そのことについて全く言及していない。こう書いたのは、吉行氏の書き方が不完全だという意味ではなく、咽喉が乾いてビールが飲みたいと強く思っている人の目には、実際に酒場の扉しか入って来ないという意味である。

しかし、よく考えてみると、主人公は新しい街に来たわけだから、「ビールを飲む」という目的がそれほど強烈でなければ、ほかにもいろいろなものが新鮮に見えるはずだし、いろいろ新しい経験ができるはずである。花壇に花が咲いているかもしれない。その花は、自分が今まで見たことのないものであるかもしれない。昔ながらの姿をしたおばあさんが、その辺を歩いているかもしれない。あるいは、人っ子一人いないのかもしれない。もしそうなら、「なぜ人影がないか」について、主人公は考えを巡らせるだろう。また、それとは反対に人通りが激しければ、周囲を通る人々の年恰好に注意を引かれたかもしれない。ところが、「ビールを飲む」という目的があまりにも強く前面に出てくると、我々はそういう新しい経験の機会をなくしてしまう。この目的のためにすべてが機能する「自動運転」のモードに心がセットされる。そういう心の状態を、この文章はよく表現していると思う。

この「自動運転」モードの心が、言葉による思考に優れた左脳の活動に対応するのだ。左脳優先のモードになっている時は、我々は周囲の世界を「そのまま」見るのではなく、自己目的のための「手段」や「道具」として見がちであることは、前述した通りである。すると、我々の生活はとかく無味乾燥のものとなりやすい。だから、この自動運転の「眠った心」を「目覚めた心」に切り替えて、もっと心いっぱい、心豊かに周囲の世界を受け入れることができれば、同じ生活の場で、同じ仕事をして、同じ家族や職場の中にいても、全く違う、新鮮な経験や物の見方に出会うことができるかもしれないのである。

画家の目に学ぶ

このことは多くの画家の作品が教えてくれている。先に挙げた玉村豊男氏の絵の中には「人面トマト」という題のついた一連の作品がある。これは、氏の農園で穫れたトマトの中にいびつな形のものがあったのを取り上げ、それを人間の顔に見立てて『鼻にピアスをした男』『哀しい女』『癇癪持ち』『痛い！』などの豊かな表情の赤い顔として仕上げている。こういうトマトは、「トマトは食べるための野菜の一種」という左脳的考え方にもとづけば、〝規格外〟の不良品であるから、普通は八百屋やスーパーに持ち込まれる前に、集荷の段階で捨てられてしまうだろう。だが、右脳的な視覚要素を重視するものの見方からすれば、そういう〝規格外〟の変わった形のものの中にこそ、力に溢れ、見て楽しく、想像力を刺激してくれるものがあることが分かるのだ。

形だけでなく、色についても、我々が普段見過ごしているものは数多くある。十五カ月で二百点近くの作品を描いたというヴィンセント・ヴァン・ゴッホ（Vincent van Gogh,1853-1890）は、光が乏しいはずの夜の風景の中に実に多くの色彩を描き込んでいる。これを「画家の創作」として見ることももちろんできるが、彼が本当に夜の中に多彩な色を見たらしいことは彼の手紙からうかがわれる。一八八八年九月八日、彼が弟テオドルに宛てた手紙の中には「昼よりも夜の方が生き生きとしていて色彩に富んでいると思われることがよくある」と書いてある（『ゴッホの手紙』中、一二八頁）。また、彼は実際に夜、戸外に出て暗い中で絵を描いた。こうして完成させた『星降る夜、アルル』という有名な作品について、彼は次のように語っている：

三十号画布の見取図を同封する。やっと、ガス灯の光で実際に夜かいた《星空》だ。空は青緑色、水は紺、地面は赤紫だ。街は青と紫、ガス灯は黄色で、その反射は金褐色から緑がかった青銅色まで。青緑色の広い空には、大熊座が緑とバラ色に輝き、その地味な淡い光はガス灯の荒々しい金色と対照的だ。前景には二人の恋人たちの彩られた小さな姿がある。

（『ゴッホの手紙』中、二七八頁）

日本経済新聞編集委員の竹田博志氏は、ゴッホのこの〝鑑色眼〟に驚嘆して「この男は一体、どんな網膜を持っていたのだろうか」と言っているが、[4] この画家の視覚が「暗い中で色を感じる」という常人離れした鋭敏さをもっていたとしても、その感覚に彼自身が注意を振り向けて「夜、戸外で絵を描こう」という気を起こさなければ、彼の数々の夜の名作は生まれなかったことは確かだ。

〝暗い夜〟の色について語ったので、〝明るい昼〟についても触れるべきだろう。

日本画家の秋野不矩さんの絵に『白い扉』という作品がある。インドのヴィシュヌプールにあるテラコッタ（素焼き）寺院に取材したもので、一九八四年の作である。熱帯の強烈な日差しをまともに受けた白い扉が一枚、縦長の絵の真ん中に溢れんばかりに大きく描かれているだけの絵だ。最初はそういう印象を受ける。しかし、よく見ると、この扉は、周りに幾重もの白い枠がはまったような複雑な構造をしており、数ヵ所から赤茶色の不規則な模様が白地に染み出して見える。秋野さん自身の解説によると「漆喰《しっくい》がはげて赤い地肌が見えている」のだそうだ。だから、この白は漆喰の色である。

問題は、その扉の脇から下方にかけて濃い色の影のようなものが伸びている点だ。画家自身の影が映っているのなら、それは人影の形をしていて、白い扉にも必ずかかるはずである。ところが、その濃い影は、扉の長方形を注意深く避けるようにして、脇と下方のみにかかっている。それを見ていると、鑑賞者の背後に〝顔〟のない何かが立っているような錯覚を起こし、それがこの扉の下から染み出している〝闇〟と等質のものであろう、などと思われてくる。この扉の内側にはビシュヌ神やシヴァ神が祀られていて、朝夕、灯明や供物が供えられるそうだ。そのような〝内面〟の力が白昼の中に滲み出している。つまり、この絵は、インドという国の〝光〟と〝闇〟の印象を一枚の「扉」の形に凝縮した作品だ――私にはそう感じられた。
私が言いたいのは、たとえ一枚の扉であっても、それを見る画家の目と腕によって、人間の心や、その背後にある文化を描くことができるということだ。そういう内容を、一枚の扉を画材として表現しうるためには、先に挙げた吉行氏の小説の主人公のように、「ビールが飲みたい」という心で家々の扉を見ているのではいけないのである。

絵を描く理由――私の場合

このように考えてくると、我々は時間的に人生の半分を生きたとしても、我々を取り巻く環境と自分との関係を、素直に、そのまま、十分に味わう機会を逸してきたのではないかとの危惧に突き当たる。ここで言う「環境と自分との関係」とは、我々が左脳で解釈した「自己本位の関係」ではなく、我々が環境から与えられているすべてのものを、そのまま、素直に感じ、受け入れた時に生じる〝右脳的関係〟である。レーズンをじっくり味わい、ミカンの感触を楽しみ、様々な音の組み合わせに感動し、人間関係に心を開き、「ビールを飲む」ためだけではなく、その家の主人の生活や趣味に思いを巡らせながら店の扉を眺めた時に味わえる「環境と自分との関係」である。

このような〝右脳的見方〟に目覚めるには、どうしたらいいだろうか？　それにはいくつもの方法があるに違いない。しかし、ここまで読んできた読者はもうお分かりだろうが、その一つの方法として、私は「絵を描く」ことを始めた。これは私の極めて個人的な動機であり、画家の多くが同じような動機で絵を描くなどという大それたことを、私は言うつもりは毛頭ない。また、読者すべてに「絵を描け」と言うつもりもない。私の文章を読んだ方はお分かりと思うが、私の思考はとても〝左脳的〟である。つまり、理論や概念を厳密に使おうとする。簡単に言ってしまえば「理屈っぽい」のである。私の講演を聞いて「大学の授業のようだ」と評した人もいる。そういう言葉による精神活動を続けていると、一方では何かが足りないような欠落感を覚えていたのだろう。想像するところ、〝左脳〟に圧迫され続けてきた〝右脳〟が、自己表現を求めて内部から私を動かしたのかもしれない。そんなわけで、スケッチブックは私の携行品リストから外せないものとなった。

最後に、絵を描くことが何か特殊の才能を必要とすると考えている人には、そうではないことを訴えたい。

絵は苦手だと考えている人は少なくないと思うが、先に挙げた『脳の右側で描け』の著者、エドワーズ教授は、そういう人々を何人も指導して、短期間にしっかりした絵を描くまでにしている。彼女の本に掲載された生徒たちの「指導前」と「指導後」の絵には、歴然とした差がある。それをどのように行うかの詳細については同書を読んでいただきたいが、その中にある興味深い方法を一つだけ紹介しよう。

それは、何かを模写する時、模写される側の絵を上下逆立ちにする方法である。この方が、模写がうまくできることがあるのだ。エドワーズ教授によると、その理由は、絵を描き始める初期の段階にあっては、我々の左脳が右脳を支配しようと試みるからである。もっと具体的に言えば、模写する対象が例えば人の顔の絵であった場合、我々はその絵の中にある名前のついた部分――「耳」とか「鼻」とか「指」など――を描く時、過去の経験や知識を動員して「耳にはこういう機能があってこういう形をしているハズだから…」というように論理的に（左脳的に）考えた結果、その考えにもとづいて線を引く傾向がある。これが、絵を目で見た通りに――言い換えれば、右脳の感じた通りに――描かせない大きな原因になるというのである。このような〝左脳の干渉〟を避けるためには、模写される側の絵の一部が「耳」だとか「鼻」だとか「指」であるということが分かりにくい方がよく、そのためには絵を逆さにしてしまえばいいというわけである。そして、模写される対象の一部が「斜めの線」だったらそのとおりの斜めの線を引き、「右に曲がった曲線」だったらその通りに線を引いていけば、右脳を優先させたモードで絵を描けるというのである。

このことを換言すれば、絵を描く時には先入観を排除して、〝無心〟になってものを見よということだろう。これはよく言われることだが、実行するのは案外難しい。なぜなら、我々は左脳の支配に身を任せることに慣れきってしまっているからだ。しかし、この左脳が沈黙し、右脳がスムーズに動き出した時の緊張した、しかしどこか深く満たされた感覚は、一人でも多くの方々に味わってほしいのである。そして、もっと多くの人々が、自分と環境との密接で充実した関係を十分味わい、それを絵に描き、音楽にし、彫像に表わし、詩や散文の形にして他人と共有することができれば、世の中で起こる暗い事件はもっと減っていくに違いない。

（一九九九年八月十七日）

註

（1）Gazzaniga, *The Mind's Past*, p.21.

（2）Gazzaniga, *The Mind's Past*, p.25.

（3）ただ、左脳が大多数の人にとって言語機能においてかなり優位にあることは多くの専門家が認めるところだが、それと対をなす右脳が、視覚構成機能や描画能力において同じ程度左脳よりも優位にあるかどうかについては、まだ議論が残るようである。例えば、岩田誠著『見る脳・描く脳——絵画のニューロサイエンス』東京大学出版会、一一一頁。

（4）『日本経済新聞』一九九九年六月二十日

第三章　〝日時計文学〟を探して

小さくても確かな幸せ

作家の村上春樹さんが、『うずまき猫のみつけかた』というエッセー集の中で「小確幸」という言葉について書いている。そう教えてくれたのは、妻である。私はこの言葉を最初、耳から「ショーカッコー」と聞いたので、まずスキーの大滑降と関係のあるテクニックかと思い、次にどこかの劇場へ行くための特別な恰好かと思った。が、どうやらそうではなく、「小さいながら確かな幸福」という意味の造語らしい。

村上さんの説明を聞いてみよう：

生活の中に個人的な「小確幸」（小さいけれども、確かな幸福）を見出すためには、多かれ少なかれ自己規制みたいなものが必要とされる。たとえば我慢して激しく運動した後に飲むきりきりに冷えたビールみたいなもので、「うーん、そうだ、これだ」と一人で目を閉じて思わずつぶやいてしまうような感興、それがなんといっても「小確幸」の醍醐味である。そしてそういった「小確幸」のない人生なんて、かすかすの砂漠のようなものにすぎないと僕は思うのだけれど。

(『うずまき猫のみつけかた』、一二六頁)

村上さんの場合、「我慢して激しく運動した後に飲むきりきり冷えたビール」というのは、むしろ「大確幸」ではないか、と私はこの文章を読んで思った。というのは、彼は有名な〝マラソン・マニア〟で、日米での数多くの市民マラソンを走破したばかりか、「百キロマラソン」というのをなし遂げたド根性の持ち主だからだ。私は四キロ前後の距離はジョギングで走るが、「四二・一九五キロ」をがまんして走るのと、その十分の一の距離をがまんして走るのとでは、その後に喉を下る「冷えたビール」の感興は、当然違ってくると思う。私でさえ、「ジョギングの後の一杯」を小確幸として理解できるのだから、フル・マラソンの後の一杯は「大確幸」に違いないと感じたのだ。

小確幸は、しかし必ずしも「苦行の後の喜び」に限定されるわけでもないらしい。なぜなら、村上さんは同じ本の中で、小確幸のもう一つの例として、「コーヒーを飲みながら、焼きたての温かいパンを手でちぎってかりかりと齧《かじ》る」ことを挙げているからだ。その前にフル・マラソンをするとか、断食をするなど、苦行らしいことをするとは書いてない。いや、むしろ苦行とは反対の〝楽行〟のようなことが書いてあるのである。それは、村上さんがアメリカのボストンで生活していた頃、町角でおいしいパン屋に入ったときのことだ。

牧歌的な高級田舎町プリンストンに比べたらここは犯罪も多いし、鍵もきちんとかけなくてはならないし、夜はあまりうろうろ出歩けないし、ニューヨークほどではないにせよ人もぴりぴりと神経を尖らせている。でもそれにもかかわらず、

「おいしいパン屋があるのってやっぱりいいよな」とつい考えてしまう。とくにのんびりと散歩がてら近所のパン屋に買い物に行って、ついでにそこでちょっとコーヒーを飲みながら（中略）焼きたての温かいパンを手でちぎってかりかりと齧《かじ》るのは、僕にとっての「小確幸」のひとつである。（同書、一六五頁）

ところで、このような小さくても確かな幸福感というものは、ビールを飲まなくても、また村上さんのようにアメリカにいなくても、さらにはおいしいパン屋が近くになくても、誰でも味わうことができる、と私は思う。その証拠に、インターネットの世界では、自分独自の小確幸を記録したり、他人のそれを集めたりする「小確幸倶楽部」とか「小確幸な日々」、あるいは「小確幸を探して」などというサイトがある。その内容を読んでみると、幸福を味わう機会は、私たちの当り前の日常生活の中にいくらでも潜んでいることが分かるのである。

枯葉は語る

村上さんは「激しい運動のあとの冷えたビール」などに小確幸を見出すというが、村上さんほどハイ・レベルでないが、実は私も町を走ることに喜びを見出す一人である。ただし、前述したように、フル・マラソンなど遠く及ばず、その十分の一ほどの距離を時々ジョギングで走る程度である。そして、その時の自分が、普段とは何か別の心境に切り替わることに気づき、それを創作活動に役立てることもある。私は、作家である村上さんのマラソン好きも、このような〝心境の切り替え〟効果と関係があると密かに考えている。

最近、私はこの本を書くためにＣＤに保存してあった古いファイルを調べていたら、ちょうどこの〝心境の切り替え〟のことに触れている短文を見つけた。私自身が二〇〇〇年に書いた文章である。

原宿から神宮外苑へのジョギングの帰途、枯葉を一枚拾った。

十一月も下旬に入っていたが、その年は平年より暖かだったため、外苑のイチョウ並木はまだほんのりと黄色く色づいていただけで、例年の豪華な黄金色にはほど遠かった。それよりも、「建国記念文庫」が建っている小公園に散り敷く橙色のケヤキの落葉が、私の心を踊らせた。私はジョギングのあと、絵画館に面した池の前で体を伸ばしてから、この小公園で若干の筋力トレーニングをすることにしている。そこには、トレーニングのための鉄棒や傾斜台などの一連の器具がちゃんとそろっているからだ。こうして有酸素運動と無酸素運動をこなすと、私の頭は清々しい一種の〝空白状態〟になる。

この状態を言葉で説明するのは難しいが、運動を始める前に脳裏で絡まり合っていた様々な思いや、言葉や、仕事の断片が、きれいさっぱりと頭の中から消えてしまったような状態である。そうすると、その空白で柔らかい器の中に、公園の木々や鳥や人々の姿が新鮮に染み入ってくる。私の五官は、そういう周囲の存在をきちんと脳の前面に据え直し、そこから伝わる光や色、音、動き、そして臭いを、素直に受容するのである。

その日も、そんな空白状態の感動に浸りながら、私は鉄棒の近くに落ちていた一枚のケヤキの葉を拾ったのだ。なぜそれを拾ったか？　その理由はよく分からないが、周囲にいくらでもある、掃いても捨て切れないほどの量のケヤキの葉の一つではなく、「その落葉」が私の目を引いたのである。

落葉樹が紅葉する時は、寒気に触れている葉から先に色が変わる。だから、一本のケヤキでは、葉は高いところから色づき始め、同じ高さにある葉は、外気に直接触れる外側の葉から色を変える。その色の変化は、ケヤキの場合は緑から次第に黄変し、それが濃い橙色に転じた後に茶色になる。この四段階の色の変化は、それぞれの葉が、それぞれが触れる寒気の量や、葉の内部の栄養素の量などの条件にしたがって別々に進行する。そして、落葉するタイミングもバラバラである。散り敷いた落葉の絨毯《じゅうたん》は、だから実に微妙で豊かな色を眼前に展開してくれるのである。その中の何枚かを家に持ち帰っても、自然界の豪華な絨毯は再現できない。そこで、私は普通落葉など持ち帰らず、後ろ髪を引かれる気持でその場を去るのである。しかし、その日は、鮮やかな黄色の地に、濃い赤茶の縞模様が入ったその一枚の葉が、歩き去ろうとする私の足を強く引き戻したのである。

黄変したケヤキの葉は、橙から茶色に変わる手続きを徐々に行う。葉全体の色がそのように変わることが多いのだろうが、中には葉の外側から内側に向かってしだいに濃い色に転じていき、その時、葉脈に沿って、葉肉の部分の色が変わっていく場合があるようだ。私の目を止めたその葉は、そんな途上にあって、黄色の地を背景にして、濃い赤茶色の縞が、葉の両側から中心部に向かう太い線を形成していた。それは、ちょうど高空を飛ぶ航空機から見下ろした時の、山脈の稜線のようにも見えた。

事務所にもどり、シャワーで汗を流してから、私はその葉をデスクの上に置いた。心の中の感動の原因を、私は言葉にしようとしていたのである。

生物には、環境と遺伝の双方が適切に揃っていなければならない——こんな言葉が、ふと私の脳裏に浮かんだ。当り前のことである。ケヤキの木は、細胞内部の遺伝情報に従って葉の形をつくり、環境の変化に従って葉の色を変化させる。この色の変化は葉内部の化学物質の変化でもあり、その変化を起こさせるのはケヤキの遺伝子である。しかし、遺伝情報だけを考えれば、私の拾ったケヤキも、その隣に立っているケヤキも、またカナダの山奥に立っているケヤキも、ほとんど同一である。いや、地球上に棲む生物の遺伝子は、土中深く生息するバクテリアのものも人間のものも、その九割以上が共通しているという。だから、一本のケヤキとその隣のケヤキの遺伝情報は、ほぼ一〇〇%同一であるといっていいだろう。にもかかわらず、これだけ様々な形と、これだけ様々な大きさと、これだけ様々な色合いが眼前に同時に現われるのはなぜだろうか?

それは、空間的に位置を異にする葉には、すべて環境的な違いが生じるからだろう。同じ遺伝子をもっていても、環境的条件が異なれば、現われてくる形や質に大きな違いを生じる。こういうことが、ケヤキの落葉の絨毯の絢爛《けんらん》とした美しさの背後にある。落葉の色の豊かさだけでなく、果実の味の違いや、花の色や形の豊富さの背後にもある。いわゆる「自然界の豊かさ」や多様性といわれているものは、だから、地球上の環境的条件の豊富さが背後にあって、初めて現出するものなのだ。

――一枚の枯葉から、こんな思考の流れが引き出されてきたのだが、それは、ジョギングによる〝心境の切り替え〟のおかげだと、私はこの古いファイルにあった文章を読んでつくづく思った。

投句箱

体を動かすことによって、散文だけでなく、詩文が引き出されることもある。

私は四年ほど前に俳句作りに手を染めたことがある。現在はたまに作る程度だが、論文や散文書きを仕事とする私にとっては新しい体験で、大げさに言えば「世界を見る目」が少し変わった。当時、そのことを「投句箱」という文章に書いて、二〇〇四年一月付で私のウェブサイトに掲げた。次のようなものである。

東郷神社の拝殿の右側に木製の投句箱がある。

軒下に置かれているが、風雨に当たるのだろう、珈琲色になって拝殿の材質と一つに溶け合っている。だから、その箱に気がついたのは最近のことである。箱の前面に墨で書かれた「投句箱」の三文字を見て、私はふーんと思った。

私は俳句の作り方など習ったことはない。また、歳時記を開いたのは、中学生か高校生のころに数回あったかなかったか、である。そんなずぶの素人が、何の気なしに「一句ひねってみよう」という気持になったのは多分、ジョギングのせいである。

私は、健康管理のために週に一、二回、ジョギングをすることにしている。いつごろから走り始めたのか記憶は定かでないが、初めのころは仕事場である生長の家本部会館から明治神宮外苑までの片道約二キロだったが、そのうち距離が延びてきて、調子のいい時は往復をノンストップで走るようになった。いずれ市民マラソンに出場しようなどという気持はさらさらないから、時間を測ることもない。走ったあと、柔軟体操や軽い筋力トレーニングなどをして体をほぐす。そうすると気分が一新し、心の中の心配事やわだかまりから解放される。その爽快感は、ものの見方の一新にもつながる。そこから新しい発想や、発見に出会うこともある。

例えば、私は二〇〇一年一月二十四日に、自分のウェブサイトにこんなことを書いた：

何の変哲もない物が、なぜか驚くほど新鮮で美しく見える時がある。それがどんな時かは、人によってまちまちだろう。私の場合、午後、仕事場から抜け出してジョギングをし、体を伸ばしたり腕立て伏せなどをして、全身が解放感に満たされた時、そんなことがある。今日もいつものコースを走り、快い疲労感を味わいながら仕事場へ歩いてもどる途中、明治通りを渡ったところで、ビンの王冠が二つ道端に落ちているのが目についた。「赤と黒の王冠が二つか……」と思いながらそこを歩き過ぎたが、西日を受けて鮮やかに浮かび上がった二つの小さな円形の金属片が、私の脳裏にこびりついた。「後ろ髪を引かれる」というのは、こういう気持だろう、私は十メートルほど行ったところで、踵《きびす》を返して後戻りし、その二つの王冠を拾った。二つのうち、黒の王冠には、赤と黄で印刷したラベルが貼ってあり、その色の組み合わせが何とも新鮮だった。最初、それは薬ビンかドリンク剤のビンの蓋かと思ったが、黄色の部分には「2001 辛口実感キャンペーン」と印刷してあった。ビールビンの王冠だった。

子供のころ、意味もなく王冠を集めていた記憶がよみがえった。手に持った王冠のギザギザの感触が快く、色とりどりの王冠を集めて、その色を利用してモザイクの絵なんか作れるかもしれない——などと心が勝手に想像する。その一方で、私の目は、歩道の植え込みの下に、電柱の陰に、もっと別の王冠がないかを探していた。そんな子供心を取りもどせたとき、周りの景色も人の顔も輝いて見えるのだった。

（『小閑雑感 Part 1』、四一〜四二頁）

こういう時間が、私にとっての小確幸であるに違いない。私はこの時拾った王冠を絵に描き、また文章によってその時の感動を表現することができた。投句箱を見つけたのも、そんな解放感のおかげである。人目につきにくい場所に、目立たない色の木箱があったのを、私はそのときなぜか見つけたのである。

体の隅々まで酸素を送り込んだあとに見る〝新世界〟を、俳句に写し取ることができるかもしれない――私はその時、そう思って、備えつけの紙と鉛筆を手にしたのだった。しかし、もちろんそう簡単に句が出てくるわけではない。私は詩人ではなく、主として論文や散文を書いてきた人間だから、論理的な言葉の組み立てには慣れていても、それを飛び越えて、わずかな語句とその配置の妙によって表面の意味以上のことを知らせる

俳句や短歌の形式に、親しんでいない。しかし、知らない道にも躊躇《ちゅうちょ》なく踏み込むランナーの心境も手伝って、私は投句箱に句を入れるようになった。一度入れれば、二度目、三度目は比較的やりやすい。それを何カ月も続けていれば習慣になる。そして、知らぬ間に二十一句が残った。

こんな経緯があって、私の二十一句はすべて東郷神社の境内で詠まれた。登場するのも境内の風景であり、境内での体験である。しかも、境内での体操を終えて仕事場にもどるまでの夕方の一瞬を切り取ったものだ。その中のいくつかが神社の俳句選者の目に留まって『東郷』誌に紹介されたことは、まったく予想外だった。それが私の作句への大いなる励みになったことを記し、謝意を表したい。

これで「投句箱」という文章は終りである。ここにある「二十一句」が実際どれであるかは、今になっては分からない。というのは、当時のコンピュータのファイルを紛失してしまったからだ。私は今この文章を、当時使っていたコンピュータから二〜三台目のものを使って書いている。この機械から機械への移行の際に、「もう使わない」と思った古いファイルの複写は、省略してしまう。そんな〝ボツ原稿〟ならぬ〝ボツファイル〟の中に二十一句が含まれていたに違いない。が、今回、この本をまとめるに際して、古い俳句帳やスケッチブック、ノートの隅に書きこんだ句を収集して本書の後半を構成したから、その中に、コンピュータに打ち込まれる前の句が含まれている可能性はある。
また、東郷神社からは私の句を掲載した『東郷』誌を三冊送っていただいたから、それに載った三句は、本書第二部の句集に含めることができた。

庄野潤三氏の小説

「小さいながら確かな幸福」について語るためには、作家の庄野潤三氏の作品に触れなければならない。しかし、私自身は庄野氏のことにあまり詳しくないから、これから書くことは、私の妻を含む熱烈な〝庄野ファン〟から得たものであることを予めお断りしておこう。

作家、庄野潤三は、一九五四年に『プールサイド小景』で第三十二回芥川賞を受賞してデビューした文学者で、芸術院会員だ。吉行淳之介、遠藤周作、安岡章太郎などと共に〝第三の新人〟と呼ばれた戦後の文学運動の中心的存在である。この分野の作家は、石原慎太郎、大江健三郎、北杜夫などが欧米風の長編小説を志向したのに対し、戦前の日本で主流だった私小説、短編小説への回帰を図った点に特徴があるという。

わが家の本棚には、妻が買い集めた庄野氏の小説が沢山ある。そのタイトルを挙げただけでも、こんな長いリストになる――

『愛撫』(一九五三年)、『プールサイド小景』(一九五五年)、『ザボンの花』(一九五六年)、『ガンビア滞在記』(一九五九年)、『静物』(一九六〇年)、『夕べの雲』(一九六五年)、『自分の羽根』(一九六八年)、『絵合せ』(一九七一年)、『明夫と良二』(一九七二年)、『陽気なクラウン・オフィス・ロウ』(一九八四年)、『インド綿の服』(一九八八年)、『文学交遊録』(一九九五年)、『貝がらと海の音』(一九九六年)、『ピアノの音』(一九九七年)、『せきれい』(一九九八年)、『野菜讃歌』(一九九八年)、『庭のつるばら』(一九九九年)、『山田さんの鈴虫』(二〇〇一年)、『うさぎのミミリー』(二〇〇二年)、『孫の結婚式』(二〇〇二年)、『庭の小さなばら』(二〇〇三年)、『メジロの来る庭』(二〇〇四年)、『けい子ちゃんのゆかた』(二〇〇五年)、『星に願いを』(二〇〇六年)、『ワシントンのうた』(二〇〇七年)。

彼女は、このほかの庄野氏の作品（多くは再販未定本）も図書館から借りてきて読んだというから、私はただ感心するばかりである。私はこのうちの一、二の作品の一部しか読んでいないが、内容は、庄野氏の日常生活の普通の出来事、人々との温かい交流、おいしい食事、美しい自然などを淡々と、気取らずに描いているものだ。妻によると、庄野氏の作品に一貫する特徴は、〝悪いこと〟や〝悪者〟が絶対出てこないことだという。

作家の江國香織さんは、このような創作姿勢が読者を幸福感で満たしてくれるといい、自ら庄野作品のファンであることを隠さない。

庄野文学には強烈な中毒性がある。

よそにはない、特別な中毒性だ。庄野潤三さんの御本ぐらい、読んでいるさなかに幸福なものはなく、また、読みおわるのが惜しくて努めてゆっくり読もうとしてしまうものもない。もっと欲しい、と思い、もっともっと、と、ほとんどせつなくなってしまう。

だって、文学そのものだからだ。庄野さんは、徹底して言葉本来の意味で言葉を使う。曖昧なイメージや感傷を、言葉に絶対担わせない。それが快感なのだ。なんでもないことが、庄野さんの文章によって突然可笑しくなる。私はしょっちゅう笑ってしまう。可笑しい、可笑しい、と、言いながら読む。

（庄野潤三著『貝がらと海の音』、四一九頁）

この『貝がらと海の音』という作品の中から一節を引用し、江國さんの言う「中毒性」とは何かを探ってみよう。

妻が食料品店のなすのやに頼んであったすみれ（パンジー）が、配達された。ところが、妻は「全部むらさきのすみれをお願いします」と親父《おやじ》さんに念を押しておいたのに、届いたのは、むらさきのほかに黄や赤やさまざまの色のすみれで、がっかりしたという。

しかるに当のなすのやは上機嫌で、うれしそうに、

「すみれ、持って参りました」

というので、文句もいえない。

「なすのやに頼んだとき、むらさきよ、全部むらさきでねといったら、よろしい、全部むらさきですねといって引き受けておいて」

と妻はいう。仕方がないので、花も売っている市場の八百清でむらさきのすみれを買い足すことにしたのと妻はいう。なるほど、あの働き者で福々しい顔をしたなすのやの親父さんが、うれしそうに、「すみれ、持って参りました」といって届けて来たら、註文通りでなくとも、文句をいう気にはなれないだろう。


（同書、一八七頁）

ここには、紫色のパンジーだけを注文した妻に対し、注文通りに配達しなかった店の主人が出てくるが、妻はそれを怒りもせずに、別の店で紫の花を買い足すことにしたと

いう話が書いてある。妻は、寛大な心の持ち主であることが分かるが、配達間違いを許した理由が、花を届けに来た店の主人が「働き者であり、その顔が福々しいから」というのが面白い。さらにこの話は続く――

午後、妻と一緒に生田駅前の農協へすみれの植木鉢を買い足しに行く。農協に植木鉢を置いてないので、スズキへ行って、一つ、少し大きい目の植木鉢を買う。竹箒も一本買い、植木鉢はこちらがさげて帰る。

帰って、妻は残りのすみれを植える。

配達間違いと出費増をものともせずに、主人公とその妻は午後から近くの駅へ植木鉢を一個だけ買い足しに行く。ついでに、竹箒も一本買って帰り、その後で、妻は「残りのすみれ」を植えるのである。全部で何鉢に植えたかは、ここでは明らかでない。次には、翌朝の様子が描写される――

朝、妻は外から入って来て、

「すみれ、全部で十八鉢、植えました。きれいになりました」

という。あとで見に行くと、玄関の石段の両側に並べてある。石段だけでなく、玄関にもいくつか置いてある。玄関の前の、前に荻窪の井伏さんの奥さまから贈られた、木瓜の入っていた盆栽の鉢（中身の木瓜は庭の東南の角の日当りのいいところに移し植えた）の分も入れて十八ある。妻の好みのむらさきのすみればかり、石段の片側に集めてある。ひらき戸の勝手口の石段よこにも、六つ並べてある。こうして並べてみると、むらさきでない、黄や赤の混ったすみれも悪くない。黄のすみれなんか、なかなかいい。

妻は、

「これですっきりした。色どりもいいわ」

といって、よろこぶ。

十八個の鉢に植えられたパンジーがいきなり姿を現して、読者を驚かせる。しかも、妻の好み通りに紫色のものだけを集めた場所もあり、配達間違いで届けられた黄色や赤のものもそこに居場所を得て、主人公から「悪くない」「なかなかいい」と評価され、その妻にも「すっきりした、色どりもいい」と誉められる。一見、失敗があったような記述で始まっていても、最後には、登場人物のすべてが満足する一種の〝大団円〟で締めくくられて、この話は終るのである。

庄野氏の小説は、こういう小さな〝善い話〟が日記風にどんどん続いていくのである。それぞれの話の中で、登場人物が幸せであることが描かれる。私小説の形式をとっているから、読者は主人公の「私」に感情移入して、氏が描く幸福な善い話に参加できる。これが江國さんの言う「中毒性」だと私は思う。人生には、いたるところに幸せがあり、人々はそれを楽しんでいる——村上氏の言う小確幸とはやや違うかもしれないが、私はこれを「小説版の日時計日記」と呼びたくなる。

エッセイストの酒井順子さんは、庄野氏の『山田さんの鈴虫』の解説の中で、氏の小説作法について次のように書いている——

ご夫妻の生活の中には、嫌なことやつらいこともあるのだとは思います。しかしその手の描写は、庄野さんの小説には出てきません。この本において唯一、その手のことがあるとしたら、箱根のホテルにおいて食べた「こり過ぎてよくないサンドイッチ」のことのみ。それも、以前にカツサンドを食べたホテルがリニューアルしてしまったので別のホテルに入ったらよくないサンドイッチが出てきたという、つまりは日常からの逸脱によって遭遇してしまった、ちょっとした不幸なのです。

しかしそこには、ネガティブなことを書かないでいる努力というものが、存在しているのでしょう。不幸や不安といった素材は、お皿に載せると派手で、見栄えがするものです。周辺の素材も一緒に盛れば、ゴージャスな盛りあわせが完成

> する。そして文学作品の中には、いかにゴージャスな不幸を素材にしているかを競うかのようなものもあるのです。
> 対して、家庭における日常習慣という素材は、たいへんに地味です。それはまるで、野で摘む山菜のように。
> しかしそこには、読む者の身体の中にも蓄積していくような、栄養と滋味とがあるのでした。ゴージャスな不幸は、夢中になって読んだ後に、何だかもたれたりするものですが、山菜料理はさっぱりしていて、「ああ、もっと食べたいなぁ」という気持ちにもなる。
>
> （同書、二八六～二八七頁）

私はこの解説を読んで、妻が庄野作品に熱中する理由と、彼女が『日時計日記』（序章参照）を考案した動機との間に深い関係があることに気がついた。庄野作品には、日時計主義と共通する「人間の本性への信頼と讃美」が貫かれているからだ。

少女ポリアンナ

人間の〝善い側面〟にスポットを当てる文学の流れは、海外にもある。特に、南北戦争後から二十世紀初頭にかけて生れたアメリカの児童文学には、独立以来の厳格なピューリタン主義が和らげられ、自我の独立と人間の善性を信じる、当時の楽天的なヒューマニズムが反映されている。私たちが子供のころ熱中した『トム・ソーヤの冒険』（マーク・トウェイン）、『ハックルベリー・フィンの冒険』（同）、『小公子』（バーネット夫人）、『小公女』（同）、『あしながおじさん』（ジーン・ウェッブスター）、『赤毛のアン』（ルーシー・モンゴメリー）などには、そういう人生肯定の明るい人間観がよく描かれている。

その中で、日時計主義を地で行くような女の子を描いて大人気を博したのがエレノア・ポーター（Eleanor Porter）の『少女ポリアンナ（Pollyanna）』である。この小説は、日本では一九一六年に弘中つち子訳で『パレアナ』として出版され、その後、村岡花子訳の『少女パレアナ』（一九六二年）が刊行され、現在は菊島伊久栄さんの訳になる『少女ポリアンナ』(偕成社文庫、一九八六年)が依然として売れ続けている。この作品は一時、テレビアニメとして全国ネットで放映されていたから、多くの読者はその内容をご存じのことと思う。

それを簡単に言えば、これは十一歳で孤児となった少女ポリアンナをめぐり、世話になる叔母の家で起こる様々な出来事を描いた短編の連作である。主人公の少女は、牧師の父と、開拓時代のアメリカで貧しい暮らしを送っていたのだが、その際、心の中に起こる生活上の不足、不満の感情を乗り越えるために「喜びを発見するゲーム」というのを教えてもらった。ポリアンナは、父の死後も、叔母の家でそれを明るく、懸命に続けていこうとする。そのいたいけな態度と、父を想う少女の切ない気持、また、不満を喜びに変えていく〝観の転換〟の妙が見事に描かれていて、読者の感動を誘うのである。

例えば、ポリアンナが初めて叔母の家に来た時には、叔母のミス・ポリーは貧しい孤児が家具や調度品を傷つけることを心配して、倉庫のように何の飾りもない殺風景な屋根裏部屋をあてがうのである。ポリアンナは最初、期待を裏切られてショックを受けるのだが、やがて父の教えである「喜びを発見するゲーム」を次のように展開する。ここに出てくる「ナンシー」とは、叔母の家の手伝い人である：

「わたしね、この部屋、きっといい部屋になると思うの。そ、そう思うでしょ？」

しばらくしてポリアンナはいいました。

でも返事はありませんでした。ナンシーはトランクのかたづけに夢中だったのです。たんすのまえにたっていたポリアンナは、殺風景なかべをじっと見つめながら、「それにかがみがないのも好都合だわ。そばかすを見なくてすむもの」といいました。

そのとき、ナンシーは口で奇妙な音をたてましたが、ポリアンナがふりかえるとあいかわらずトランクに頭をつっこむようにしておいそがしでした。

数分後、こんどはまどのまえで、ポリアンナは手をたたいてよろこびました。

「ねえ、ナンシー。こんなすてきなの見たことないわ」といきもたえだえにいいました。「見て！　あの木や家や教会の塔を！　それに川は銀のようにかがやいているわ。ナンシーこれなら絵なんかぜんぜんいらないわ。この部屋をえらんでくださって、わたしもうれしくって！」

とつぜん、ナンシーがわんわんなきだしました。

（エレノア＝ポーター作『少女ポリアンナ』、四六頁）

読者がこの抜粋箇所を読むだけでは、主人公は悲しみをこらえて、無理に自分に言い聞かせているように聞こえるかもしれないが、主人公はこのゲームを大真面目でやるうちに、本当に喜びを感じてくる。それが分かるように、ここでは描かれている。

「（前略）でも、思い出したの。かがみでそばかすを見るのが、どんなにきらいだったかを。それに、まどからすばらしい景色が見えたじゃない？　うれしくなっちゃってね。うれしくなれるものをさがしていると、いやなことをわすれてしまうのよ。ほしかった人形のことをわすれたように。」

（同書、五七頁）

ここには真実があると思う。

私は、前著で「悪を認めない理由」について触れたとき、「人間の心は、対極にあるものを同時同所に感じることが困難にできている」（三七頁）ことを書いた。これは、社会心理学の分野で「認知の不協和の理論」として知られているもので、実験的にも証明されている。また、日本の諺《ことわざ》に「坊主憎けりゃ袈裟《けさ》まで憎い」というのがあるが、これは「憎む対象である坊主（一方の極）と同時同所にあるもの（袈裟）は、本当は憎む理由がない（他方の極）にもかかわらず、憎まれる」という意味だから、同じ心理を表していると考えることができる。

前掲の例を使えば、今、ポリアンナに与えられている部屋に「かなしい」という一方の極が感じられるならば、それの対極である「うれしい」と感じられるものを同時同所に認め、「うれしい、うれしい」と感情を込めて宣言すればいいのである。それによって「認知の不協和」が一時的に起こるが、人間の心はその不協和を取り去る方向に動いていくから、やがて本当に「かなしい」理由の方は気にならなくなってくるのである。「殺風景」の部屋にいても、それとは対極の「すてき」な風景が同時同所から見えるならば、「すてき」の方を意識的に認めて認知の不協和を一時的に起こし、「すてき」をさらに強調することで「殺風景」を気にしなくすることができるのである。

このことは、「類をもって集まる」という別の諺が示すものと共通している。英語にも「The like attracts the like.」という同じ意味の諺があるから、この心理的傾向は恐らく世界共通である。日本語ではさらにていねいに「笑う門には福来る」（よい場合）と「泣きっ面に蜂」（悪い場合）の諺がそろっているから、生活に応用する場合には便利だろう。つまり、同時同所に〝笑う門〟（善）と〝泣きっ面〟（悪）があったとしたら、前者を強調することで、やがて後者は消えるのである。また、〝泣きっ面〟しかないと感じられる場面でも、状況をよく観察してそこに〝笑う門〟を発見することができれば、後者を強く印象することによって、前者はやがて消えていくのである。

この方法は、しかし心理的テクニックとして使うだけでは効果がないことがある、と私は序章で書いた。「悪がある」と信じながら、その対抗物として「善」を心でひねり出し、念力をかけるかのようにガムシャラに「善がある」と唱えても、その背後には悪への恐怖心があるのである。つまり、「悪がある」と認めている。そうではなく、善一元の実相しかないと信じ、現象の悪は、実相にある善がまだ充分に現れていない〝消極的状態〟であるという見地に立てれば、恐怖心は生じないのである。そのような善一元の実相の自覚は、残念ながら簡単にできるものではない。これを得るためには、ポリアンナが毎日、実際生活で練習を積んでいったように、当り前の日常の中に幸福を見出す練習を積み、たとえ肉眼には見えなくても「そこに常に善一元の世界がある」こと——換言すれば「太陽はいつも輝いている」ことを知り、感じることが必要である。

当り前の生活の中に幸福を見出すことは、生長の家の専売特許ではない。それは、心ある人々が昔から積み上げてきた人生の価値である。また、そういう喜びを表現することで、他の多くの人々と幸福感を共有する芸術の流れもあるのである。日時計主義の実践は、だから世界共通の〝幸福への道〟と言えるのである。

第四章　偶然と奇蹟

「偶然はない」ということ

ハイテク社会、インターネット社会は「偶然に満ちている」と感じることが多い。国際線の航空機で前の座席にすわる人、ホテルでの隣室のカップル、エスカレーターを降りてくるあの顔、この顔、ネット検索で見つけた店、出会ったサービス、興味をもった広告……これらは皆、突然我々の目の前に現われ、こちらから何もアクションを起こさなければ、そのまま消えていく。これが「偶然」でなくて何だろう？　そんな実感をもっている読者も多いに違いない。

私も最近、そういう体験をした。プロやアマの写真家が集まるサイトをネット検索で偶然、見つけたのである。特段、目的の写真があったわけではない。特定の写真家を探していたのでもない。何となく「人の写真でも見てみようか」と思いながら「photoblogs」という言葉に引かれて、マウスを動かした。「photo」は写真であり、「blogs」はブログ――インターネット上の日記（複数形）――だから、「ウェブ写真日記集」というような意味だろう。二〜三回のマウス・クリックの後、画面に現われた写真を見て、しかし私は息を呑んだのである。誤解しないでほしい。何かマズイ写真が出てきたのではなく、帽子を被って横断歩道を行く一人の老人のカラー写真が現われただけだ。しかし問題は、その人が私の父とそっくりだったのだ。

老人は、目の覚めるようなスカイブルーの半袖シャツを着て、白っぽいベージュの帽子を被り、左手をズボンのポケットに入れ、右手は黒い色の傘かステッキのようなものを持ち、横断歩道を渡っている。やや上方から撮った写真で、目から下の顔の左半分が帽子の下から見える。年齢は七十〜八十代だろうか。帽子のツバぎりぎりに見える目と口元、そして、やや前屈みになった上半身の感じが、私の父と瓜二つなのである。しかし、実際の父は、高齢のために自宅で静養中である。とすると、かなり前に撮られた写真かもしれないと思い、写真掲載の日付を見ると二〇〇七年の七月十八日——つい最近である。私は考え込んでしまった。

私が〝偶然〟に出会った写真ブログは、アンディー・グレイ（Andy Gray）という人が運営している「JapanWindow.com」というサイトだった。「窓から見た日本」というような意味だろう。東京などの日本の街中で撮ったスナップを主体にした写真が掲載されており、それぞれに簡単なコメントがついている。私の父に似た人の写真には、「帽子、シャツ、男（Hat, Shirt, Man）」という題がついていて、その下に次のようなコメントがある——

男が一人、大きな帽子を被り、下ろしたてのシャツを着て東京の通りを渡っている。群衆の中から飛び出すような力強さがある。奇妙な話だが、アメリカではこういう人に会ってもユニークだと感じない。しかし、時と場所によるのだ。

グレイ氏は、恐らく東京・渋谷のハチ公前の交差点かどこかでこの写真を撮った。被写体の「何か」が撮影者を惹きつけたのだ。その写真を、世界中の人が見ることのできるインターネット上に置いた。インターネット人口は数十億人とも言われるから、その中のウェブページが合計で何枚になるのか、見当もつかない。その無数のページの中からある日、私がこの写真を見つけた。その確率は正確には私に分からないが、かなり稀であることは確かだ。これが「偶然」でなければ、何を偶然と呼べるだろう――と私は考えた。

しかし、翻って考え直してみると、我々は「常に」「何か」に出会っているが、それを「偶然だ！」とは驚かない。例えば、朝の出勤時に、玄関から出たときに出会う一匹のアリを見て、「何という偶然！」と驚いたり、「このアリと出会う確率は？」などと計算することはない。大体、そんなものが視野に入っていても注目しないから、意識の表面に上らないのが普通だ。だから、「アリに出会った」とも思わないのである。意識に刻印されるものは、自分がその時関心をもっているものだけだ。それと同じように、我々はインターネット上で数多くの写真に出会っていても、普通ほとんどのものは「見過ごす」のである。注目するのは、自分に関心のあるものだけだ。「あの老人」の写真も、だから〝偶然〟私の目の前に現われたのではない。私の意識が、インターネットの大海の中を〝関心の緒〟をたどって探り当てたものである。端的に言えば、父への関心がなければ、私はあの写真を画面に出すことはなかったのである。

アリを踏む

出勤の玄関先で一匹のアリに出会う話と、インターネット上で自分の父親に似た人物の写真に出会うことの共通性に、読者は気づいてもらえただろうか？　私がここで言いたいことは、「人間の意図や関心が介入せずに、何ごとかが〝偶然に起こった〟と感じられることはない」ということだ。表現に正確さを期すために、まわりくどい言い方をしているが、ここでのポイントは、「〝偶然に起こった〟と感じられる」という点だ。

例えば、我々が三歩行く間に、偶然に起こることが（本当はもっと多く起こるだろうが）

百あったとする。そして、その百の出来事の中に「アリを踏みつぶす」ことがあったとする。しかし、人間は三歩あるくだけの短い間に百もの現象を意識で把握することはできないから、たとえこの時、アリを一匹踏みつぶしたとしても、何かが「偶然に起こった」とは感じないのである。ところが、歩き出す直前に本を読んでいて、そこにアリの生活について興味ある話が書いてあったとしよう。すると、その人の意識の中にはアリへの関心が生まれているから、アリのいそうな場所――つまり、自分の足元――への関心（注意）も生まれている可能性が大きい。その場合、自分では意図せずにアリを踏んだとしても、「アリを踏んだ！」と意識する確率は格段に高くなるだろう。そして、「関心をもっていた虫を誤って踏んでしまった。あぁ、何という（悪い）偶然か！」と考えることになる。この「ああ、何という偶然か！」と思う意識は、だから偶然に起こったのではなく、「直前に、アリの生活について興味をもって読んでいた」という事実があったために、必然的に起こったものである。つまり、「偶然だ」という意識が起こる原因は特定できる。因果関係の存在する場合は偶然ではないから、これを端的に「偶然はない」と言うことになる。

例題をもう一つ挙げよう。私はある七月の朝、ＪＲ原宿駅前にある竹下通りから東郷神社側へ道を折れ、神社境内へつづく石段を上ろうとしたところで、石段上にクリーム色の折り畳み傘の袋を見つけた。これを普通「偶然に見つけた」と形容するだろう。「偶然」という日本語には「予期せずに」という意味があるから、その意味ではこの用法は正しい。しかし、「偶然」のもう一つの意味は、「因果律によってあらかじめ知ることができない事が起こること」（『新潮国語辞典』）であり、その反対語は「必然」である。この二番目の意味では、私は傘の袋を「偶然見つけた」と言えるかどうか、疑問である。なぜなら、私はそれを見つけた瞬間、「あぁ、これは折り畳み傘を急いでバッグから出した人が、その袋をきちんとしまいそこねたな」と思ったからだ。小雨が降ったりやんだりする日には、折り畳み傘のケースがよく道路に落ちていることは、読者も気づいておられるだろう。つまり、この出来事は、事前にある程度予期できていたから、私は驚かなかったのである。

上に書いたように、予期できることが起こるのを「偶然に起こる」とは言わない。少なくとも、上に書いた二番目の意味では正しい用法ではない。しかし、一番目の、単に「予期せずに」の意味では、「偶然に傘の袋を見つけた」と言ってもいいのだろう。この違いは微妙だから、間違いやすい。一番目は、「そのとき傘を見つけた人がそのことを予期していなかった」という軽い意味である。「予期していなかった」理由は、別のことを考えていたからでも、アイポッドの音楽を聴いていたからでも何でもいい。しかし、いったんそれを見つけて「アッ、あの袋は傘の袋だから、誰かが傘を開いたあとで落としていったな」と、その出来事の因果関係を推測できた場合は、「予期できること」が起こったのである。だから、二番目の意味では「偶然見つけた」ことにはならない。

ずいぶんメンドーな議論だ、と怒らないでいただきたい。結局私が言いたいことは、一の場合も二の場合も、「予期する」という人間の意識の動きが関与している、ということだ。つまり、「偶然」という現象は、人間の心と離れた場所――いわゆる〝外界〟で客観的に起こるものではなく、ある現象と遭遇した人の心の中で起こる一種の〝解釈〟なのである。Aという出来事に対して「それは偶然だから仕方がない」と考える人は、Aが起こるにいたるまでの因果関係を認めないから、Aが再び起こることを防止できない。しかし、Aが起こったことは「偶然でなく、何か原因がある」と考える人は、その背後の因果関係を探ろうとするから、Aの再発防止に成功するかもしれないのである。どちらが賢い生き方かは、説明する必要はないだろう。

人間が「これは偶然だ！」と感じるのは、人間の心の中の現象（解釈）であるから、神の創造ではない。だから、生長の家では「偶然はない」というのである。これは、「現象はない」というのと似た意味だ。我々の人生には常に何かが起こっているのだから、それを「善」の方向へ導くための努力は、大変重要である。〝偶然起こる〟と感じられることには悪事もあれば善事もある。悪事は再発を防止しなければならないが、善事は何回起こってもいいはずだ。そういう意味でも、出来事の背後にある因果関係を考えずに「偶然だ」ですませる生き方は、あまりお勧めできないのである。

「偶然だ」は意識がつくる

「偶然はない」ということについて私がこれまで述べてきたことには、主要な論点が二つある。その一つは、人間の意識の介入なしに「偶然」という認識は成り立たないということだった。別の言葉で言えば、たとえそこに偶然の事実があったとしても、人間が「これは偶然だ」と認めない限り、その人にとって「偶然はない」のである。二番目の論点は、こうである。ある人が「これは何という偶然だ！」と認識した時点で、その人はそこで生起しているおびただしい数の事実の中から「これ」だけを意識して取り出し、「偶然だ」と感じたのだ。だから、それは言葉の本来の意味での「偶然」(因果律によってあらかじめ知ることができない事が起こること)ではなく、むしろ「当然」である。なぜなら、意識によって「認める」という行為を原因として「偶然である」という認識が生まれたからである。この二つの意味から、「偶然はない」と言うことができるのである。

この二番目の論点については、もう少し説明が必要かもしれない。

私が(あるいは読者が)ある日、町を歩いている時に、無意識にイヌの糞を踏んでしまったとする。この事実だけでは「偶然だ」という認識は成立しない。これに加えて、その事実を私が(あるいは読者が)意識することによって、初めて「私はイヌのウンチを偶然踏んだ」と認識されるのである。もし私(あるいは読者)が、自分が糞を踏んだことをずっと知らないでいたら、「偶然踏んだ」という認識も生まれないことになる。ということは、「偶然」は認識されず、認識されないものは、心でつくる現象世界にあっては「無い」のである。

やはり、難しい表現になってしまっただろうか？　これが分りにくい人は、私(読者)が踏んだものを「イヌの糞」ではなく、もっと小さくて、差障りのないものに置き換えて考えてみるといい。例えば、「イヌの毛」とか「ちぎれた枯葉の端」とか「煙草の灰の一片」とか「大腸菌」などだ。こういうものは、人間の目で簡単に見えないから普通、我々の認識の中に入らない。しかし、現実には確かに存在している。そして、我々が町を歩いているときには、きっとそういうものを数限りなく踏みつけているに違いないのである。では、我々はどうしてそれを踏んだときに「あぁ、今イヌの毛を偶然踏んでしまった！」と思わないのだろうか？　「あぁ、また大腸菌の上に偶然足を置いてしまった」と、ショックを受けないのだろうか？　その答えは結局、我々にとって関心がなく、とりわけ見えないものは認識の中に入らないから、存在しないも同然なのだ。

これに比べてイヌの糞は、我々にとって大いに関心がある。ならぜなら、そんなものを踏んだら足が臭くて困るからだ。自分が困るだけでなく、商談やデートの相手にも迷惑をかけるし、帰宅すれば家人にも嫌がられる。こうして、我々が日常生活で経験する偶然――つまり、「偶然だ」という認識――は客観的事実などではなく〝心の産物〟であることがわかるだろう。

ここまでは、比較的理解しやすい例である。次に、やや複雑な応用問題を掲げよう。

二〇〇七年の八月下旬のことだが、私が職場から帰宅する直前、自宅の門の前に来たところで、アスファルトの道路の上に、白いペンキを振り撒いたような模様がいくつもあるのに気がついた。よく見ると、その模様はペンキではなく、どうも鳥の糞が落ち

てできたもののようだ。その模様の一つ（＝写真）を見て、私は「へぇーっ」と感動してしまった。なぜなら、それは見事に「人」の形をしていたからだ。鳥が糞を落とすことは感動に値しないかもしれない。しかし、その糞が道路に落ちて潰れた模様が「人」の形になる確率は、いったいどれほどのものか、と私は考えた。「これは何という偶然だ！」――私は奇蹟的な出来事を目撃したと感じたのだ。もしかしたら、これは神様が鳥を使って私に何かを語りかけているのではないか？　そう思って、私は家からデジカメを持ってきて、その模様を写真に収めたのである。

ここで、読者に質問しよう。私はこの場合、奇蹟に出会ったのだろうか、それとも自分の心で勝手に〝奇蹟〟を作ったのだろうか？

「奇蹟」の意味

辞書によると、「奇蹟」という言葉の意味は、「実際に起こるとは考えられないほど不思議な出来事」（三省堂『新明解国語辞典』）であり、「常識では考えられない神秘的な出来事。既知の自然法則を超越した不思議な現象で、宗教的真理の徴《しるし》と見なされるもの」（『広辞苑』）である。これらの辞書の定義によると、鳥の糞が地面に当たって潰れた跡が〝人型〟になることは「実際に起こるとは考えられないほど不思議」であるかどうか、あるいはそれが「常識では考えられない神秘的な出来事」であるかどうかが、ここでは問題になる。この「実際に起こるとは考えられない」とか「常識では考えられない」という意味の中には、「起る確率がきわめて低い」ことが含まれる、と私は思う。

しかし「不思議」とか「神秘的」という言葉が、「既知の自然法則を超えている」という意味ならば、鳥の糞が地上に落ちて〝人型〟になることは奇蹟ではない。地球上で糞のような粘体が高所から落ちれば、ニュートン力学の法則に基づいてアスファルトの道路上で四方八方に飛び散るのは当り前である。そうすると、糞が飛び散ることは神秘的でも、奇蹟でもない。しかし、それが〝人型〟になるのは、どうだろうか？　それは「実際に起こるとは考えられないほど不思議」なことだろうか？

火星の人面岩

読者は、〝火星の人面岩〟の話をご存じだろうか？　火星の表面にある、人の顔の形をした巨大な岩のことである。この話は、発見者のいるアメリカでは有名で、私もブログ「小閑雑感」で何回か扱ったことがある。そのブログの文章を紹介しよう‥

この〝火星の顔〟は最初、一九七六年の七月、惑星探査機の「バイキング1号」が火星表面を空中から撮影していたときに見つかった。探査機は、火星のシドニア（Cydonia）と呼ばれる地域の写真を上空から撮っていた。写真には数多くの丘陵が写っていたが、その中の一つに、長さが三キロメートル近くある人間の顔に似たものがあった。多くの科学者は、それは火星に多く見られる「メーサ」という、周囲が絶壁状になった台地だと考えた。しかし、この写真を見た一般の人々の中には、この顔型の地形は何かによって〝造られた〟と考える人が現われ、本や雑誌、ラジオのトークショーで扱われ、ハリウッド映画にもこの写真が使われた。

次にここの写真が撮られたのは一九九七年九月だったが、この時は雲のために明瞭な写真は撮れなかった。そこで〝三度目の正直〟として今年の四月八日、上空に雲のない中、カメラを一九七六年時の二十八倍の最高の解像度に設定して写真撮影をしたところ、〝顔〟に見えたものは、地球上にもあるような自然の丘状の隆起であり、三次元的な計測によっても、その丘には目も鼻も口もないことが判明したという。

（『小閑雑感 Part 1』、二九八〜二九九頁）

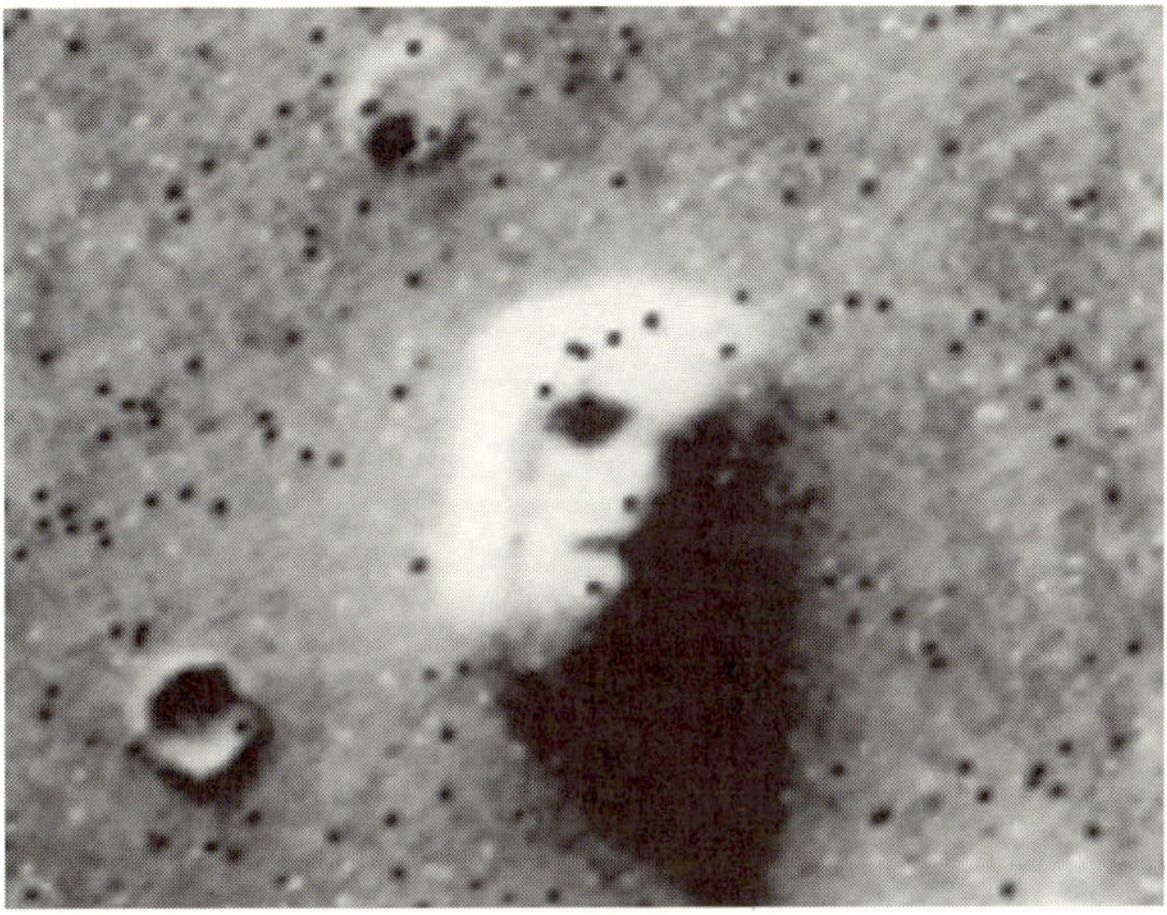

（NASA 提供）

このブログは、二〇〇一年六月一日付で書かれているから、引用文の中で「今年」とあるのは、二〇〇一年のことである。アメリカの火星探査機が撮影した火星表面の写真の中に、人の顔の形をした大きな岩が写っていたことから、「いったい誰が何の目的で、そんな岩を造ったか？」が大きな話題になったのだ。火星には大気があるから嵐も吹き、地殻運動もあるから、いろいろな形の岩や山が形成されるのは何も不思議でないし、また自然科学の法則を超えてはいない。しかし、よりによって〝人の顔〟の形をした岩があったとしたら、そのような岩が自然現象の中で〝偶然に〞形成される確率はきわめて低い——と多くの人が考えたのだ。そして、そんな〝奇蹟的〞な現象を生ずる背後には、既知の自然法則を超越した何か——例えば、未知の知性をもった存在、あるいは火星人！——が力を及ぼしているに違いない……と多くの人が考えた。が、結局、この〝人面岩〞は、撮影の際の光の具合で〝偶然に〞人の顔のように写っただけで、その後に行われた、より精密な写真撮影では、何の変哲もない、普通に隆起した岩であることが証明されたのである。

読者は、〝人型〞の糞の跡と〝人面岩〞との共通性に気づかれただろうか？　それは、

①視覚にもとづく判断である
②人間の肉体の形態に関係している
③問題の現象が起こる確率が低いと考えられている

の三点である。ここから、我々の心には〝奇蹟〞とか〝神秘〞が想起されるのだ。

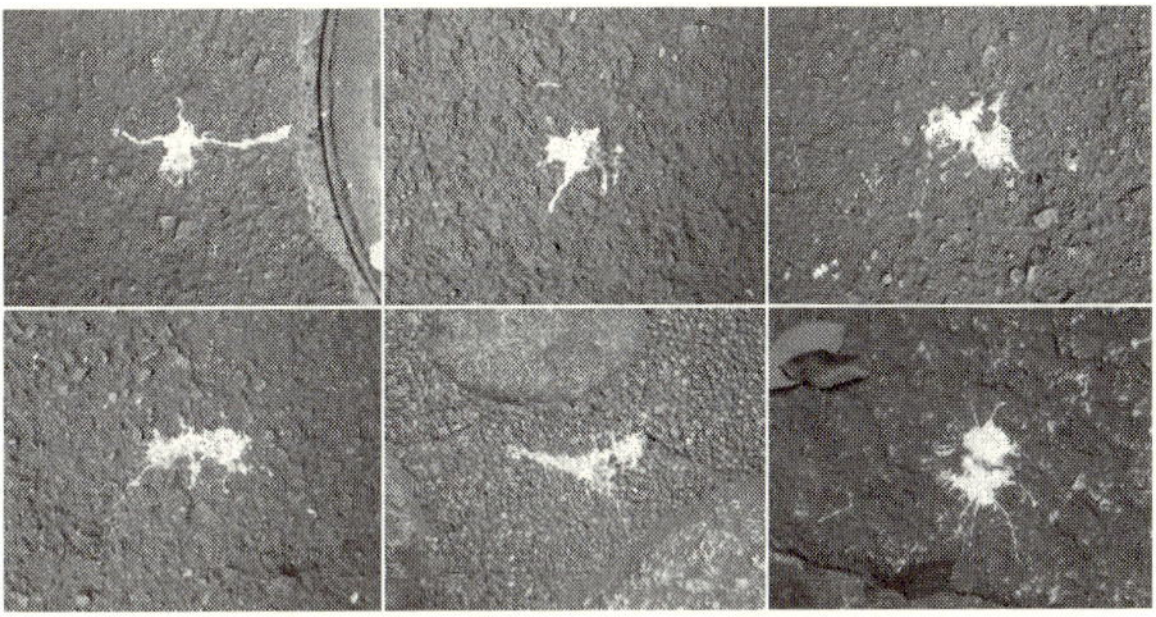

①と②についてはすでに書いたので、③についてだけ述べると、この「偶然に起る確率はきわめて低い」という判断そのものが、正しくないと私は考える。もちろん私は一時、実際にそう考えて、あの〝人型の糞跡〟を写真に撮ったのである。が、よくよく考えてみると、人の形をした〝糞跡〟が生じる確率と、上に掲げる六つの〝糞跡〟（すべて同じ時に撮ったもの）ができる確率とは、統計的に有意な差はないと考えられるのである。

その理由を説明しよう。六種類の〝糞跡〟は、それぞれがみなユニークな形をしている。ここで言う「ユニーク」の意味は、原語である英語の「unique」の本来の意味で「ユニークである」ということだ。つまり、この世に一つしか存在しない形と言えるだろう。別の言い方をすれば、これらどの〝糞跡〟の形も、まったく同一のものを同じ条件下で〝糞跡〟によって再現することは不可能である。そういう意味では、それぞれの〝糞跡〟がこの世で再び生じる確率は限りなく「0」に近い。その一方で、最初にご覧に入れた人型の〝糞跡〟が起る確率はどうだろうか？　他の六つの〝糞跡〟が起る確率とどう違うだろう？私は、まったく同じ――つまり、限りなく0に近い――と考える。もし我々が、「人型」になる確率の方が「非人型」になる確率よりも小さいと考えたとしたならば（そして、その判断は間違っていないが）、それは「非人型」である六つの糞跡を我々が頭の中で一つのグループに括り、同種のものと見なしてしまったからである。しかし、ユニークなもの同士は同種ではあり得ない。にもかかわらず、同種とした我々の概念操作が間違っているのである。では、どうして我々は、それほどまでして「人型」を特別扱いするのだろう？その答えは、〝糞跡〟という現象（外界）そのものの中にあるのではなく、我々の心の中（内界）にあるのである。

この点を説明するために、別の角度から読者に質問してみよう。

ボール紙を十円玉大に切り抜いたものを、五つ用意する。これらの紙製コインの表裏に、それぞれ「1」「2」「3」「4」「5」と書き込んで、「一円玉」「二円玉」「三円玉」「四円玉」「五円玉」を作る。これらの紙コインを菓子箱の中に入れ、蓋をしてよく振り、中の紙コインを充分に混ぜる。次に目をつぶるか目隠しをして、菓子箱の中の紙コインを一枚ずつ抜き出し、自分の前に上から下へ並べる。並べ終わるまで見てはいけない。五つをすべて横に並べたあとで、コインの数字を見る。こうして並んだコインが上から「①②③④⑤」の順序となる確率と、同じく「⑤④③②①」になる確率は、どちらが高いだろうか？

次に、その確率と「②④①③⑤」「③②④⑤①」「⑤③①④②」「②④⑤③①」などに並ぶ確率は、どちらがどう違うだろうか？

我々は、この実験で「③②④⑤①」が出ても別に驚かないが、「①②③④⑤」が出ると、何か神秘的な体験をしたと感じないだろうか？　もしそうなら、それはなぜだろうか？

五種類のコインの並ぶ順番は、百二十通り(5×4×3×2×1＝120)が考えられる。そして、それぞれの順番が「ユニーク」である（つまり、他の順番とは違うそれ独自の順番である)。糞跡と比べて違う点は、糞跡の場合、まったく同一の糞跡を再現する確率が限りなく0に近いのに対し、コイン並べの場合は、実験を繰り返しているうちに同じ並び方が実際に再現される点である。その確率は、統計的に計算できる。そしてそれは、どの並び方であっても同一のはずだ。つまり、「①②③④⑤」の順序となる確率も、「⑤④③②①」になる確率も、「②④①⑤③」「③②⑤④①」「⑤④③①②」「②⑤④③①」……などになる確率も皆同じで、数字で表せば0.83%＝百二十分の一である。ということは、最初の二つの順序になったときにだけ「何か特別な現象に出会った」と感じることは、統計学的には正しくない。しかし、心理学的には〝正しい〟と言えるかもしれない。

読者は、〝糞跡〟とコイン並べの二つの問題に共通する点を理解されただろうか? 我々の心は、ランダムな現象、無秩序な現象の中にも、無意識のうちに何らかの「規則性」や「秩序」や「意味」を見出そうとしているのである。例えば、我々の視覚(とその延長である脳)は、自然界に存在するものの中から「人の形」に似たものを敏感に感知し、それに特別な意味を付与する働きを無意識のうちに行っている。そのことが、「人型」の糞跡をそれ以外の形のものと〝本質的〟に違うと感じさせるのだろう。また、紙コインの示す数列は、数字自体には特別の意味がないにもかかわらず、少数の特定の数列に我々の心が特別な意味を見出すので、それらが現われる機会を、それ以外のものが現われる機会と区別して、〝奇蹟〟とか〝神秘〟とか〝不思議〟に感じさせるのである。ということは、〝奇蹟〟や〝神秘〟や〝不思議〟は外界で起るのではなく、内界（心の中）で起ると言えるのである。

こうなってくると、「考える」人間が介在して初めて〝奇蹟〟や〝神秘〟が存在するというのが、どうも正解のようである。「唯心所現」の教えから言えば、ごく当り前の結論になってしまった。が、問題が一つある。それは、「ある人が、ある現象を〝奇蹟〟と思うなら、すべての現象は奇蹟と言える」か、という問題である。私は、この意見は文学的表現としては充分成り立つし、それなりの真理を含んでいると考える。しかし、これを全面的に認めると、宗教の世界における〝奇蹟〟も単なる「思い込み」のレベルに落とされてしまう。〝奇蹟〟を〝思い込み〟から救い上げる視点はないだろうか？

奇蹟について

ここで重要になってくるのは、宗教の世界で言う「奇蹟」とは何かということである。これを明確に定義することはそう簡単ではないが、避けて通ることはできない。

私の考えでは、これまで例に挙げてきた〝糞跡〟や〝コインの並び方〟、あるいは〝火星の人面岩〟は、通常の意味での宗教的な奇蹟ではない。なぜなら、これらは皆、自然法則に則って起った現象だからだ。それを、人間の側で勝手に「奇蹟だ！」と解釈して驚いても、それによって「宗教的な奇蹟」が現われたとは言えない。

まずはこう言ってみたが、しかし、次のような場合を考えてみてほしい――ある青年が、困難な資格試験に合格したいと願い、毎朝、近くの神社に祈願のため参詣していたとする。いよいよ試験当日となり、配られた問題用紙を見た青年は、思わず小さく声を上げた。なぜなら、前日に一所懸命に勉強した箇所が、ほとんどそのまま出題されていたからである。こうして、この青年は難しい試験に見事合格したとする。先ほどの定義からすると、この出来事は自然法則から外れてはいないから――つまり、前日に勉強したことが試験に出題される確率は「0」ではないから――宗教的な奇蹟とは言えない。しかし、この青年本人にとっては、まさにこれこそ、神様が自分の祈りに答えてくださった〝宗教的奇蹟〟として実感されるだろう。

この試験の例と本質的に変わらないことは、墜落事故を起こした航空機に乗ろうとしていて乗らなかったか、あるいは乗れなかった人にも当てはまる。また、成功率が低い(しかし、成功率ゼロではない)医療行為によって健康を回復した人、仲間と一緒に食事をしながら、自分だけ食中毒にならなかった人、交通事故でペシャンコに潰れた車中から、かすり傷だけで救出された人……などにも言えるだろう。これらの人が宗教心をもっていた場合、きっとその人は「あぁ、これは奇蹟だ。神様に救われた」と感じるに違いない。これを〝宗教的奇蹟〟と呼ばないで、何と呼べばいいのだろうか？　事実、この種の話は、生長の家でも、他の宗教でも「信仰体験」としてもてはやされる傾向があることは否めない。しかし、これらは単なる「思い込み」と呼ぶべきだろうか？

奇蹟が成立するためには、「自然法則を超える」という要素が必要だという考え方は、キリスト教に強い。キリスト教神学者のトマス・アクィナス（Thomas Aquinas）は、奇蹟を三つに分類した：①様式上の奇蹟、②客体的奇蹟、③本質的奇蹟、である。①は、自然法則を超えてはいないが、自然的手段の助けなしに起るもの。②は、自然法則上では不可能のことが客体に起るもの。③は、本質的にすべての自然法則を超えて起るもの、という。カトリックの神学では、奇蹟は「超自然の唯一の絶対的原理である神が、その絶対能力を有限な自然秩序領域に適用することによって生起した現象である」とする。それが起るのは、自然界を変革するためではなく、倫理的因果律を守り、道徳的秩序を維持するためだとされる。そのような奇蹟を起こすことで、神は人間の信仰深化と、道徳の向上を期待するとともに、神自身が自らの存在を人類に示す。そういう意味で、奇蹟は神の徴表（sign）と見なされるのである。

実は、生長の家の立場もこれに近い。谷口雅春先生は『新版 真理』第十巻実相篇で、次のように説かれている：

善人が国を護るために戦いながら敵弾に中《あた》って死ぬ。其処《そこ》には自然界の物理的法則があるだけであって、道徳的法則は見出されない。善人が人を救《たす》けようと思って寒中に水の中に跳び込む。そしてそのために彼は肺炎を起して死ぬ如きことも自然界の物理的法則で起り得る。自然界の法則は、人の動機の善悪に対して差別なく作用するのである。それは冷厳に作用して善人悪人によって其の作用を異にすると云うことはない。このような場合には「自然界の法則」は決して神の意志をあらわしていないのである。法則が自働して、結果を導き出しているだけである。そんな危急の時に、超越内在神が働き出せば、車輪に触れながらでも傷つかず、寒中に冷水中に跳び込んでも感冒《かぜ》を引かず、肺炎にもかからないと云う奇蹟が生ずることになるのである。

（同書、一四二〜一四三頁）

これらのことから考えれば、自然界の法則を超えて、倫理的道徳的秩序を現わすために起る現象を、ここでは「奇蹟」と定義していいだろう。その一方で、一般に〝宗教的奇蹟〟と考えられるものの中には、「奇蹟まがい」のものもあることを認めねばならない。

確率ゼロの出来事

生長の家総裁、谷口清超先生は、前述した「コイン並べ」と似た例を使って〝奇蹟〟を論じながら、ある興味ある結論にたどりつくことができる、と説かれている。実は、清超先生が青年時代に書かれた「偶然と宇宙意志」という論文の中に、この仮想実験と似たものが出てくるのである。ただし、私の「コイン並べ」では五つの数字を使った数列を扱ったのに対し、清超先生は、その論文で「0」から「9」までの十個の数字の組み合わせが出る確率について論じておられる。また、私の仮想実験では、数字の繰り返しを許さない順列であるのに対し、先生の論文では数字の繰り返しが許される順列（例えば、「1111111111」）である点が違う。が、実生活に当てはめてみると、これらの違いはほとんど解消するだろう。先生は、「7286519034」が出る確率と「0123456789」が出る確率とは全く同じで、それは「ものすごく少ない」のだという。数字で表せば、それは十の十乗（百億回に一回）で、ほとんど0に近いから「これを0とみなした方がよい」とも書かれている。つまり、同じ数列が出る確率はほとんど「0」というわけだ。

さて、次にこう考えてみよう。私の仮想実験では五つの数字を使ったが、これを清超先生のように「十個」まで増やしてみる。そして、前述した方法を使って引き出した最初の十個の数列が「7286519034」だったとする。また、二番目に引き出した数列は「5472908631」だったとする。そして、三番目は「2910547863」、四番目は「7863294105」……と、異なる数列を3,628,800個まで書くことができる。これら約三百六十万回の実験のたびに目撃しているのは皆、生起する確率が「ほとんど0」の結果である。生起する確率が「ほとんど0」の現象を「奇蹟」と呼ぶことが許されれば、この三百六十万回の実験のすべてで、実験者は「あぁ、奇蹟が起った！」と感動していいのである。ところが、普通の人間はそんなことでは感動せず、「当り前だ」と退屈に思うに違いない。そして「0123456789」や、その逆の「きれいに並んだ」数列が出たときにだけ感動するのではないか。これは一体どうしたことだろう？

さらに、次のように考えてみる。私たちの仮想実験では、十個の数字の組み合わせで三百六十万通りの異なる（ユニークな）結果を得た。それでは、私たちが毎日経験している「実生活」は、一体どれくらいの数の〝変数〟で構成されているだろうか？ 別の訊き方をすれば、私たちの実生活の一日を構成する要素は、どれくらいの数になるだろうか？

試しに、朝起きたときから、私たちが実生活で注目する〝要素〟を列挙してみると……目覚ましの音、ラジオのニュース、配偶者の声、トイレの音、窓外の景色、鏡に映る自分の顔、子どもの顔、挨拶の声、俎板《まないた》を包丁が叩く音、掃除機の音、テレビのアナウンサーの顔、その服装、トーストの焼け具合……たちまち十個以上挙げてしまったが、まだ一日のごく始まりの段階にすぎない。つまり、私たちの一日を構成する要素は「ほとんど無数」である。十個の数字の組み合わせで三百六十万個のユニークな数列ができるのだから、「ほとんど無数」の構成要素をもつ私たちの実生活の一日が、全く同一の組み合わせで繰り返される確率は、どれほどだろうか？　それは一〇〇％確実に「0」と言えるだろう。

にもかかわらず、どうして多くの場合、私たちは「当り前の日常」とか「単調に繰り返される日々」などという言葉を使うのだろう？　毎日毎日が奇蹟的にユニークな体験であることが一〇〇％確実なのに、時々「退屈」で「つまらない」などと言う人がいるのはなぜだろうか？　その理由は、私たちが「7286519034」を〝当り前〟と感じる一方、「0123456789」を〝奇蹟的〟と感じるのと同じ――つまり、完全な錯覚なのである。

これらのことをじっくり考えてみると、「当り前の奇蹟」という言葉の意味がより深く理解されるだろう。日常生活の中で一見「当り前」に起こるもろもろの事象が、実は私たちが〝奇蹟〟だと考えて驚く事象と変わりないほど稀に起こる、たった一回きりの出来事なのである。私たちがそれらを〝奇蹟〟として受け取らないのは、「7286519034」という数列が含む豊かな味わいを素直に受け入れずに、「0123456789」でなければ価値ある数列でないとする、先入的短見、心中の自動プログラムの所産だと言わなければならない。

当り前に生きる

生長の家総裁、谷口清超先生は「当り前の奇蹟」という言葉を使われて、私たちの心中にあるこの先入的短見を戒めてこられた。

『大辞林』によると、「当り前」という言葉には大別して二つの意味がある。一つは、「誰が考えてもそうであるべきだと思うこと。当然のこと。また、そのさま」であり、もう一つは、「普通と変わっていないこと。また、そのさま。世間並み。並み」という意味である。ここで議論の対象になっているのは、二番目の意味の「当り前」である。

「当り前の奇蹟」という言葉の中には、「当り前は奇蹟のように（または奇蹟以上に）尊い」とか「当り前の中に奇蹟がある」という意味が含まれている。普通の日本語では、当り前とは「普通と変わっていない」ことであり、奇蹟とは（前に定義したように）「自然界の法則を超えて、神が倫理的道徳的秩序を現わすために起す現象」である。とすると、「当り前は奇蹟ではない」と考え、また「当り前より奇蹟の方が尊い」と考えるのが普通である。ところが、これまでの議論で明らかにしてきたように、私たちが「当り前」と感じていることの中には、「普通でない」ことや「並みでない」ことが無数に含まれているのである。にもかかわらず、それらが一見「普通」や「並み」に感じられるのは、私たちがあまりものを考えず、また感覚をしっかりと使わずに、一種の先入見を通して周囲を単純化して理解するからである。

　このへんの話は、本書の「絵心」の章で右脳の役割について述べた箇所や、前作の『日時計主義とは何か？』で「感覚と意味」について論じた箇所を思い出して頂ければ理解しやすいかもしれない。とにかく、こういう様々な脳の機能や習慣、クセなどを通して、私たちが「普通だ」とか「並みだ」と感じているものの中に、実は無限の変化と多様性、善と美と教化（宗教上の教え）があることに気づいたときに「当り前の奇蹟」という言葉の意味が感得されるのである。生長の家の神示の一つである「自然流通の神示」（昭和八年一月二十五日）には、この「当り前」と「奇蹟」の二つの言葉を使って深い真理が説かれているが、谷口清超先生は『大道を歩むために』（日本教文社刊）の中で、その教えについて「現代日本の政治経済科学教育全てを通じて、凡《あら》ゆる点での必要欠くべからざる教訓であり、『あたり前』と『奇蹟』との〝合一の境地〟を解き明かすものである」（九八頁）と絶賛されている。その神示の言葉を読者にも味わっていただきたい：

『生長の家』は奇蹟を見せるところではない。『生長の家』は奇蹟を無くするところである。人間が健康になるのが何が奇蹟であるか。人間は本来健康なのであるから、健康になるのは自然であって奇蹟ではない。『生長の家』はすべての者に真理を悟らしめ、異常現象を無くし、当り前の人間に人類を帰らしめ、当り前のままで其の儘《まま》で喜べる人間にならしめる処《ところ》である。あらゆる人間の不幸は、当り前で喜べない為に起るものであることを知れ。当り前で喜べるようになったとき、その人の一切の不幸は拭いとられる。（…中略…）当り前の人間を自覚し、当り前に生きるのが『生長の家』の人である。『当り前の人間』が神の子である。皆此の真理を悟った人が少い。『当り前の人間』のほかに『神の子』があるように思って異常なものを憧れるのは、太陽に背を向けて光を求めて走るに等しい。（…後略）

この神示の教えを読めば、日常の〝当り前〟の生活の中に喜びを見出し、それを表現し、他にもその喜びを伝えていく日時計主義の生き方が、生長の家の信仰者の進むべき道であることがよく分かるのである。私は前章の最後で、「当り前の生活の中に幸福を見出すことは、生長の家の専売特許ではない」と書いたが、それは生長の家の信仰を知らなくても、日時計主義を生き、また表現している人がいることを指摘するためである。そのこと自体が、人間が神の子であることの証左である。

読者が、これらすべての日時計主義の仲間とともに、明るく豊かな人生を歩まれることを念願するものである。

第二部

日時計主義実験録

スケッチ画集

1

電気スタンド

講習会で和歌山市を訪れた際、夕食前の時間をホテルの部屋で過ごす。普通は、宿舎周辺を散策するのだが、この日は雨。ペンで室内や窓外をスケッチした三枚のうちの一つ。

（二四〇頁の句を参照。二〇〇四年十月三十日）

秋雨や窓辺に
寄れば
ほの明かり

2

ホテルの部屋

一五二頁に同じ。

妻と待つ
夕餉の時や
秋時雨

3 モンブラン

この店は〝元町夫人〟のたまり場のよう。床やテーブルが珈琲色の落ちついた雰囲気だが、目の前の逸品を落ちついて描いてはいられない。皿とフォークは省略する。

（二〇〇五年十一月二十八日）

横浜元町の霧笛楼で
モンブランを食べました。

4

好意の花束

空港でいただいた花束をホテルの部屋に飾りました。ホテルに備え付けのメモ用紙に描くことで、よい記念になります。

（二〇〇六年一月十六日、ブラジル・サンパウロ市）

Gran Meliá
WTC São Paulo
Av. das Nações Unidas, 12.559
CEP 04578-905 - São Paulo - SP - BRASIL
Telefone: (55-11) 3055-8000
Fax: (55-11) 3055-8001
www.solmelia.com

5

フキノトウ

講習会で泊ったホテルの部屋に飾られていたフキノトウ。鏡台の前に置いてあったので、背景に庭の景色が映り込み、広がりを感じました。

（二六三頁の句参照。二〇〇六年一月二十八日　鹿児島市の錦江高原ホテルにて）

04.28.06

6

緑色のランプ

山梨県大泉町の八ヶ岳倶楽部にあったステンドグラスのランプ。デザインに惹かれて描きました。この店自慢のフルーツ・ティーを味わいながら…。

(二〇〇六年三月二十二日)

八ヶ岳倶楽部
YATSUGATAKE CLUB
03.22.06

7

バラの花束

自宅にあったピンクのバラを、油性ペンと水彩で描きました。妻の誕生祝いにいただいたものです。

（二〇〇七年一月七日）

1.7.07
mit.

8

ステンレスのポット

休日の昼、青山にあるパスタ料理店で食事。ステンレス製のポットの形と輝きを残しておきたかった。割りばしの軟らかさと対照させました。

（二〇〇七年一月十八日）

1.18.07
鎌倉
パスタ

9

合掌ウサギ

羽田から小松行きのＪＡＬ−２７９便の出発が予定より三十分遅れとなり、ロビーを散策。売店にあったマグネット式のウサギの縫いぐるみを買う。手足に磁石があって合掌、ありがとう。

（二〇〇七年四月十四日）

4. 14. 07

10 コケシを描く

生長の家の講習会のために仙台市に来た。二年前の講習会のときはローカル色豊かな土産物店に入って「鳴子コケシ」を一個買った。実は今回も、その同じ店へ行ってコケシを買った。何となく懐かしく感じたからである。今回買ったコケシは、前回のものより一回り大きく、黄色い和服を着ている姿が愛らしい。ホテルの部屋へもどってパソコンで描いた絵を掲げる。

（二〇〇七年十月二十一日）

11 土偶

生長の家の講習会のために鹿児島県霧島市のホテルに泊まった。このホテルには、レストランなどが入った別棟があるのだが、そこへ行くには渡り廊下を通る。そこには土器や矢じり、生活風景を描いた絵などが掲げられていて、土製の人形である「土偶」の模型もいくつもあった。その中の一つに十字形をした土偶があり、不思議な雰囲気をもっていたので、写真に撮ってからそれを絵に描いてみた。胴長の体も面白いが、パンツのようなものをはいているのが不思議だった。

（二〇〇七年十二月九日）

12.9.07

12

沖縄陶器

沖縄の伝統的焼物を見ようと「壷屋やちむん通り」という所へ寄った。と、妻が私の後ろで「まぁ、なつかしい〜」と声を上げた。私たちが毎日家でお茶を飲むのに使っている茶碗と同一のデザインの食器が、棚に所狭しと並べられていたのだ。家にある湯呑茶碗は、二年前に沖縄を訪問した際に買ったものだ。二年前に買った湯呑茶碗は、実は帰宅後にすぐスケッチしてあったので、その絵をここに掲げよう。このデザインと食器は「國場一」という五十四歳の伝統工芸士の制作になるものという。

（絵は二〇〇五年十二月十九日。文は二〇〇七年十二月十六日）

12.19.05

13 マンゴー・ジュース（絵封筒）

T・K様

沖縄の海が見えるホテルに来ています。気温は二〇度で快適です。ブーゲンベレア、プルメリア、ハイビスカスなどの花々が咲いている当地は、やはり〝別世界〟の印象があります。売られている飲料のデザインもトロピカル。

寒中お見舞い申し上げます。

M・T・

（二〇〇七年十二月十八日消印）

MANGO
マンゴ
MADE IN
OKINAWA
果汁100
NIPPON
80
日本郵便
東京都渋谷区神宮前
一丁目二十三番三十号
生長の家出版・広報部TK様
Laguna

14 ホテルのロビー

1999 年に初めてパリへ家族で行った時、宿舎のホテルのロビーをスケッチした。円形の壁と天井が印象的だった。クリスマス・イブなのに人が少ないのに驚いた。

Le Meridien Etoile
paris

15 三溪園の塔

2000年7月に横浜・中区の三溪園を訪れた時のスケッチ。

7/13/00 M.T.

16　もてなしの器

横浜のホテルに備え付けてあったポプリの器。蓋を開けると橙、黄、緑のポプリが見える。その色の組み合わせに「もてなしの心」を感じた。

（2006年5月25日）

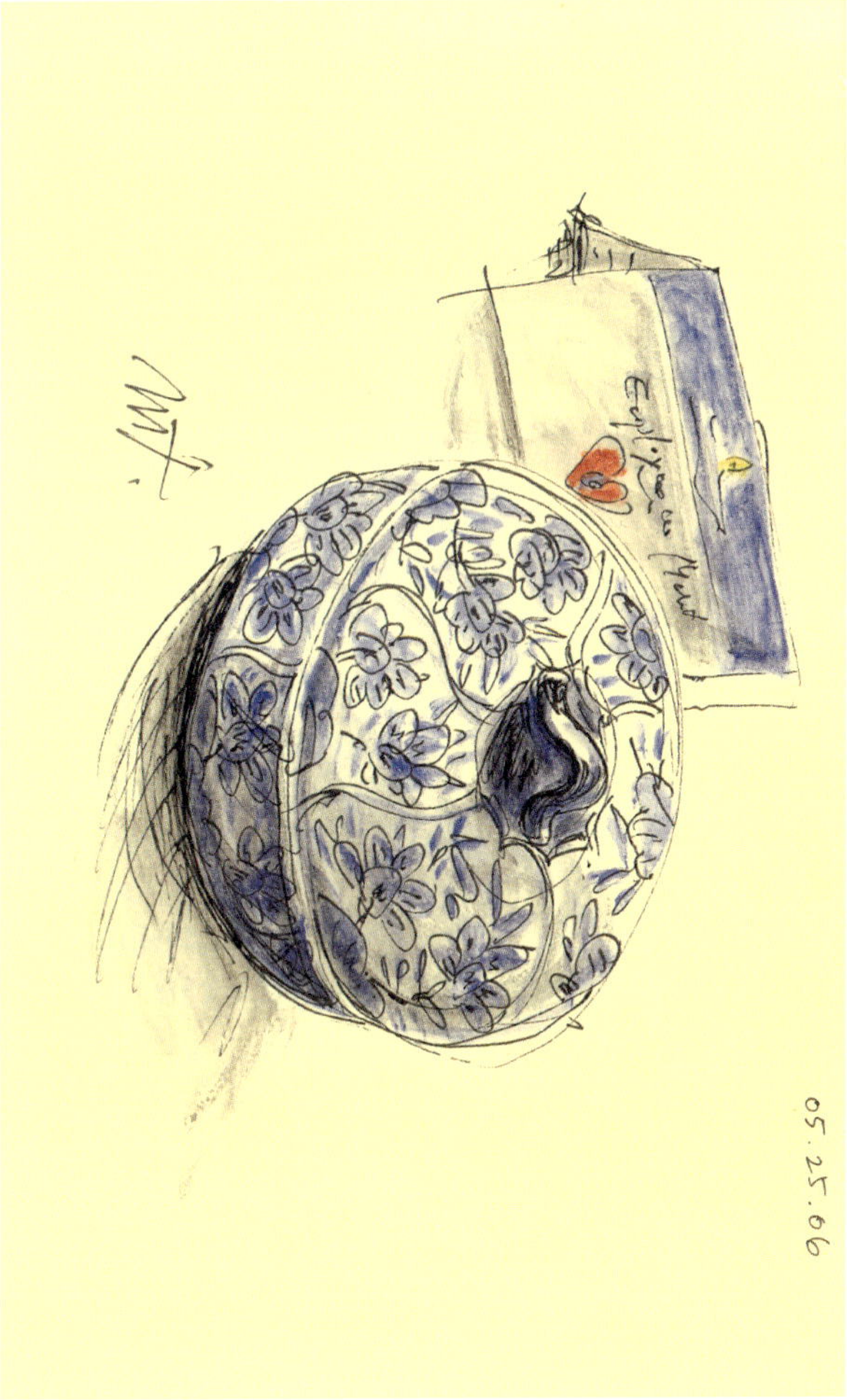
05.25.06

17 カレーの器

東京・神田の岩波ホールで映画を観る前に、近くのタイ料理店でカレーを食べた。その時に出た食器の青とカレーの黄色のコントラストに感動してスケッチする。食器の文様の面白さにも惹かれて、部分拡大をしている。

（2005年10月19日）

神田神保町のタイレストラン
「メナムのほとり」でカレーを食べる。
10.19.05

18 カキの実

生長の家の秋季大祭で長崎・西海市の総本山へ行った。宿舎の床ノ間に飾ってあったカキの実が見事な色をしていた。（2005年11月20日）

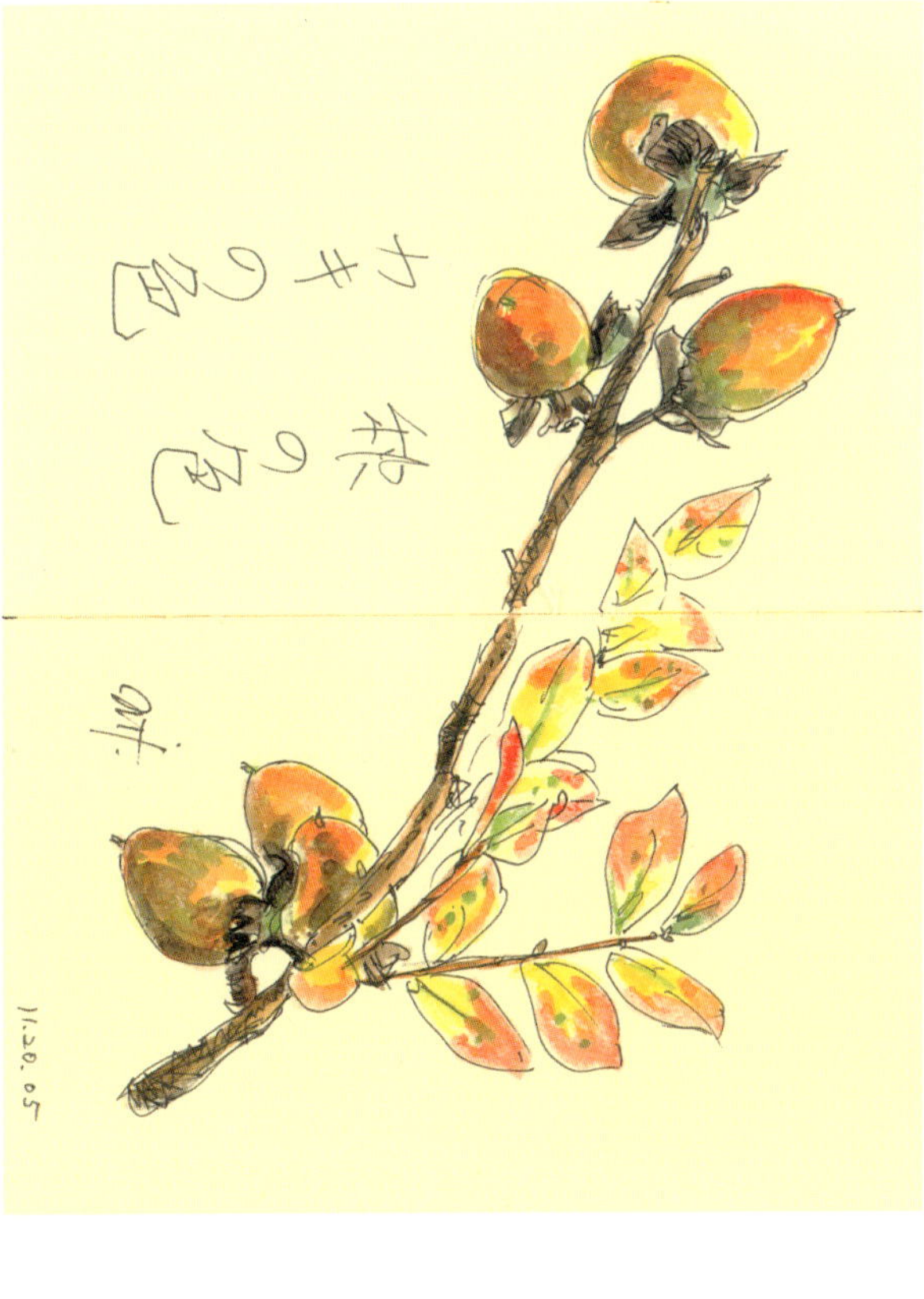
カキの色
秋の色
11.20.05

19 セントポーリア

同じく秋季大祭時に訪れた長崎でのスケッチ。セントポーリアは円盤状の葉が印象的だった。

（2005 年 11 月 21 日）

日蔭の棚に置いてある
ベゴニア

189 | スケッチ画集

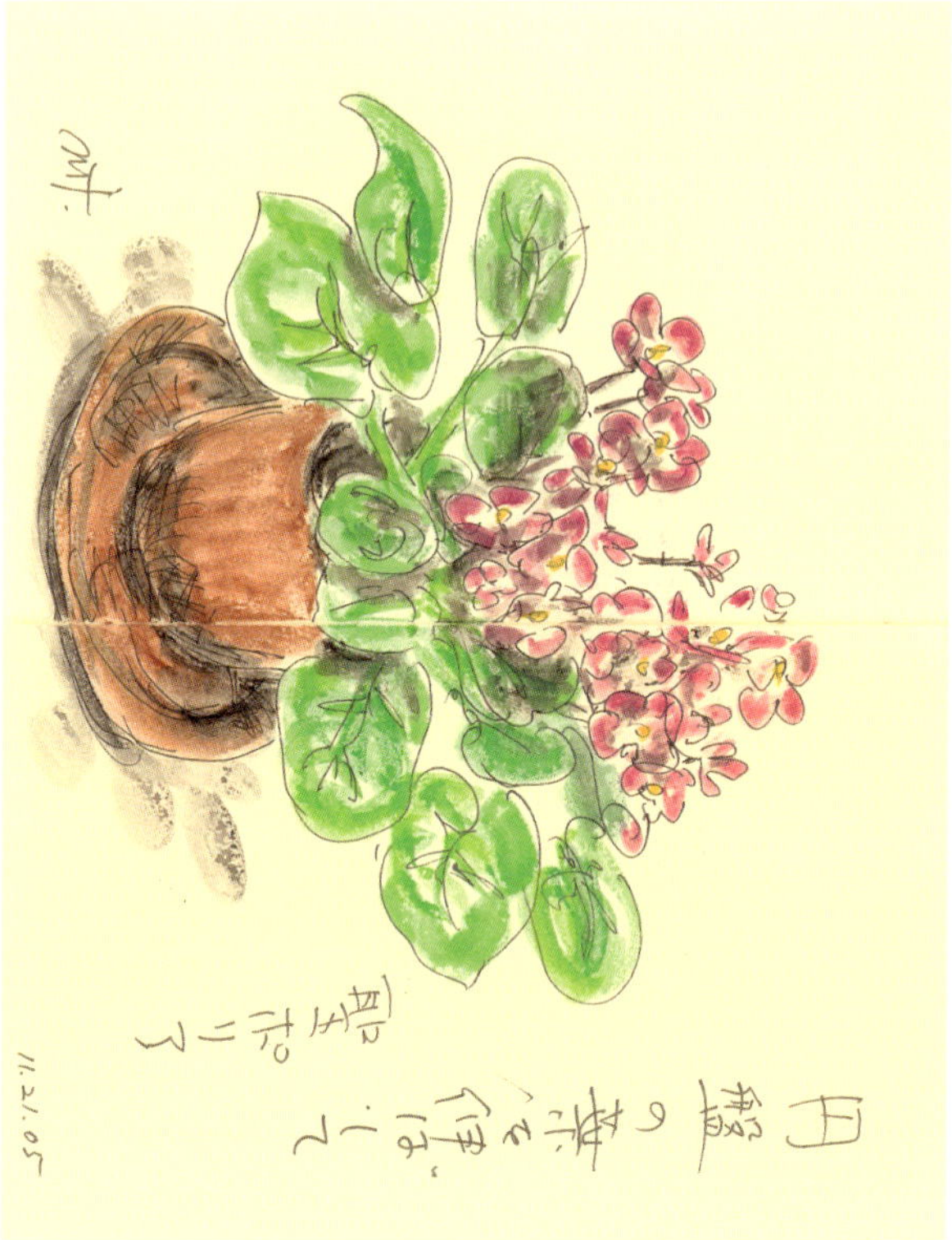

20 イチゴのケーキ

2005年のクリスマス・イブに家族5人が集まってパーティーをした。マキシム・ド・パリのミルフィーユは定番のデザートだ。半分ほど食べたものを大急ぎでスケッチした。のんびりしていては無くなってしまう。

MAXIM'S
DE PARIS
12.24.05

21 板壁のレストラン

年末の原宿の裏通りは、案外静かな時がある。渋谷から流れる渋谷川を埋めて造った遊歩道沿いにあるレストランがこれ。せり上がった板壁と大蛇のように曲がりくねったトタンのダクトが面白い組み合わせだ。

（2005年12月30日）

12.30.05

22 ケーキとコーヒー

生長の家の講習会で松山市に行った時、アーリー・アメリカン調の洋菓子店に入る。妻と２人でケーキをつつきながら、翌日への英気を養った。

（2007 年 1 月 27 日）

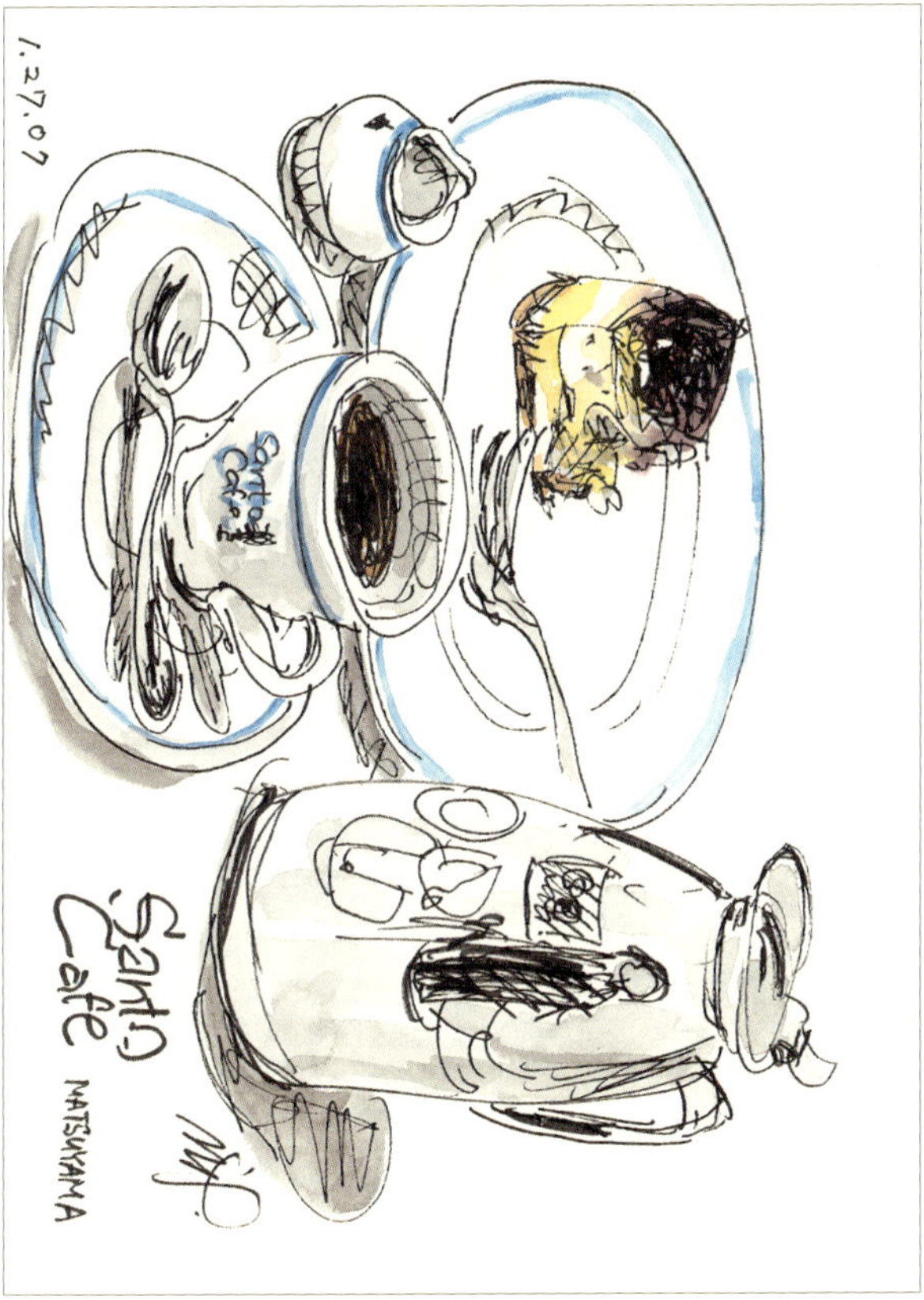
1.27.07
Santa Cafe
NATSUYAMA

23 マフィンはいかが？

横浜まで足を延ばした時、おやつに買ったマフィン。バナナのクリーム色からアンバーに至る茶色の階調が美しかった。　（2007年2月21日）

Mrs. Elizabeth
Muffin

24 ティーカップ

自宅で普段から使っているティーカップをパソコンで描いた。紙にペンで線を引くときのように、フリーハンドで画面に輪郭を一気に描いた後、カップの模様や陰影を描きこんだ。手元が不安定な感じの線になったが、できるだけオリジナルの線描を修正せずに、歪みの面白さを生かそうとした。皿の部分が、ボール紙のように波打ってしまったのは失敗だが、これも修正しなかった。白バックの上に描かなかったのは、カップの白とハイライトを浮かび上がらせるためである。

（2007年10月10日）

25 カワムラフウセンタケ

休日に山へ行った時、森の中で採ったキノコをスケッチした。図鑑で調べるとカワムラフウセンタケのようである。キノコの同定は専門家でもむずかしいというが、絵は食べるわけではないので、「お前のおかげで中毒した」と怒られることもないと思い、一応それを絵の題とした。（2007年10月10日）

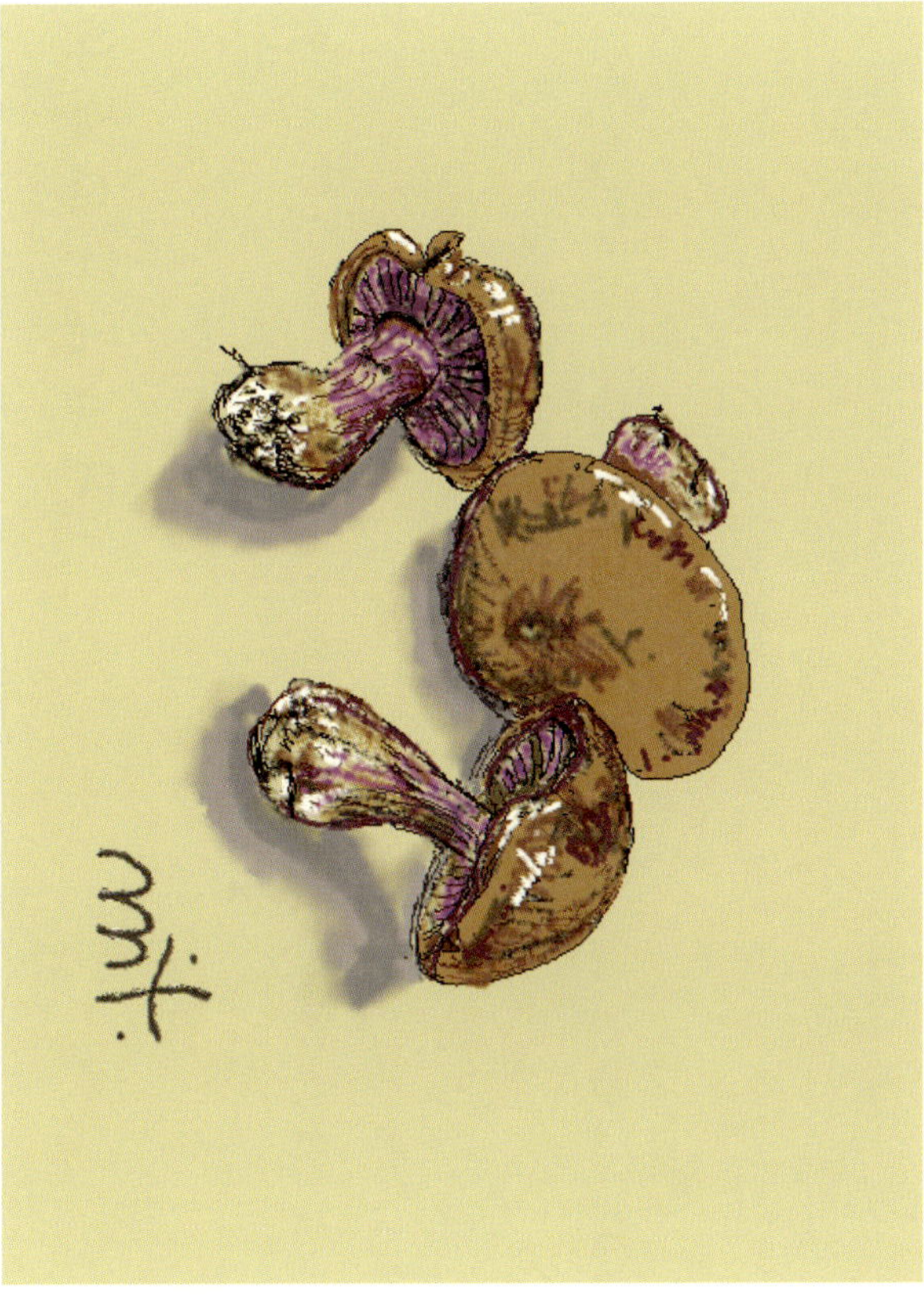

26　ザクロとアケビ

秋の作物である「ザクロとアケビ」を描いた。好き嫌いはあるだろうが、どちらの果実も実際に食べるとなると「すごく美味しい」とは私には言えない。西洋風の“強い味”に慣らされてしまったからかもしれない。しかし、見た目の美しさは、油絵に対する日本画や墨彩画のような違った趣がある。ほんのりとしているが、奥深さが感じられるのである。（2007年10月18日）

27 仙台の朝

仙台市のホテルで目覚めた私は、窓外の朝日を受けて輝くビル群と、その背後に広がる山々の緑と大きな空、そして何よりも表情豊かな雲の行列に目を奪われた。私は大急ぎでデジカメを構え、数枚の写真を撮って、後日の資料にしようと思った。こうして撮った写真から制作した絵を、ここに掲げる。パソコン上で実験的な手法を使っている。未完成な感じであるが、都会のまぶしい朝の感じが少しは出ていると思う。

（2007年10月22日）

28　交差した足

書店の美術コーナーを眺めていたら、マティスの晩年の作品を集めた本が目にとまった。「紙にグワッシュで彩色した絵を切り抜いて並べる」という独特の手法で、新境地の絵画を創作したという。私は、よせばいいのに「パソコンの機能にも、似たようなところがあるなぁ……」などと思ってしまった。家に帰ってから、パソコンを膝に置いて自分の足を描いたのがこの絵である。たまには、一日の重労働に感謝をこめて、自分の足をしげしげと眺めるのも悪くないと思いながら……。

（2007年10月24日）

29　二〇加煎餅

　生長の家の講習会のために福岡市に来た。駅前のホテルが宿舎だが、夕食の前に例のごとく妻と二人で周辺を散歩した。そこで見つけた「二《に》〇《わ》加《か》煎餅《せんべい》」というのを買った。郷土芸能である「博多仁和加」で使われる半面をデザインした素朴な煎餅である。楽しい半面のデザインを絵に描いてみることにした。ＰＣの画面をペンでこすりながら……。

（2007年10月27日）

にわかせんぺい

30　ピーマンとショウガ

稔りの秋は今たけなわ——ということで、ピーマンとショウガを描いた。どちらも必ずしも「秋の作物」ではないが、入り組んだ曲線と肌の輝きが魅力的なピーマンと、瑞々しい赤紫とピンク、緑の調和が美しいショウガを組み合わせてみた。

（2007年10月30日）

31 キノコ採り

山梨の山荘へやってきた。幸いにも紅葉はまだ終っておらず、鮮やかな赤や黄に染まった広葉樹の葉が私たちを迎えてくれた。「キノコも……」と期待に胸を膨らませて裏山の森の中を探索したが、ほとんど何もなかった。ところが、道路沿いに出ている野菜販売所に立ち寄ると、クリタケやホンシメジ、ナメコが並んでいる。「あるところにはあるものだなぁ」と思いながら、店の人に訊くと「栽培したキノコです」という。なぁんだと思ったが、妻を促して買ってもらい、夕食の味噌汁の具にしていただいた。ごちそうさま。

（2007 年 10 月 31 日）

32 カキとムベ

秋季大祭が行われた生長の家総本山では、久し振りにペンと絵の具でスケッチをする機会を得た。というのも、“稔りの秋”さながらの果実や花々が宿舎の部屋に飾られていたからである。その中からカキとムベとミカンを並べて、絵に描いてみた。ムベについて少し……。これは別名、「トキワアケビ」とか「ウベ」とも言う。アケビ科の常緑蔓性の果樹。実はアケビに似ているが、アケビの実は熟すと中央線から自然に割れるのに対し、ムベは割れない。大きさもアケビより一回り小さく、色はアケビより濃い紫紅色。果実は食用のほか、生け花の材料とする。

（2007年11月23日）

11.20.07

33　抽象画に挑戦

生長の家の講習会で高知市に来たが、泊まったホテルの部屋に和紙を使った抽象画が何点も掲げられているのを見て、不思議に思った。署名は「M/A Godwin」と読めた。日本人の作でないことが意外だったが、昨今は芸術の国際化はむしろ当り前だから、外国の作家が和紙の魅力に惹かれて、カンバスの代りに和紙を土台にして抽象画を描いたのだろう、と私は考えた。そんな作品に刺激されて、私も絵を描いてみたくなった。これまで抽象画など描いたことがないのに、である。題は「浮遊」とした。　（2007年12月2日）

34 鏡川を臨む（絵封筒）

T・K様

仕事で高知市に来ています。ホテルの21階から外を見ると鏡川という川が流れています。多分、流れが静かで鏡の表面のようなのでしょう。その川を背にした建物の前に、ほんのりとした黄葉のイチョウが立っていたのを描きました。

M・Tより

（2007年12月2日受）

東京都渋谷区神宮前1-23-30 生長の家 出版・広報部
T.K様
nikko hotels
international
ホテル日航高知
旭ロイヤル
80-0832 高知市九反田9番15号
088-885-5111(代) FAX 088-885-5115

35 木製人形（絵封筒）

T・K様

お元気ですか？

鹿児島県霧島市に来ています。宿泊したホテルの売店に素朴で愉快な木の人形がありました。木肌を生かしたユーモアのある温かさに脱帽です。いつかマネして作ってみたいです。　　M・Tより

（2007年12月10日受）

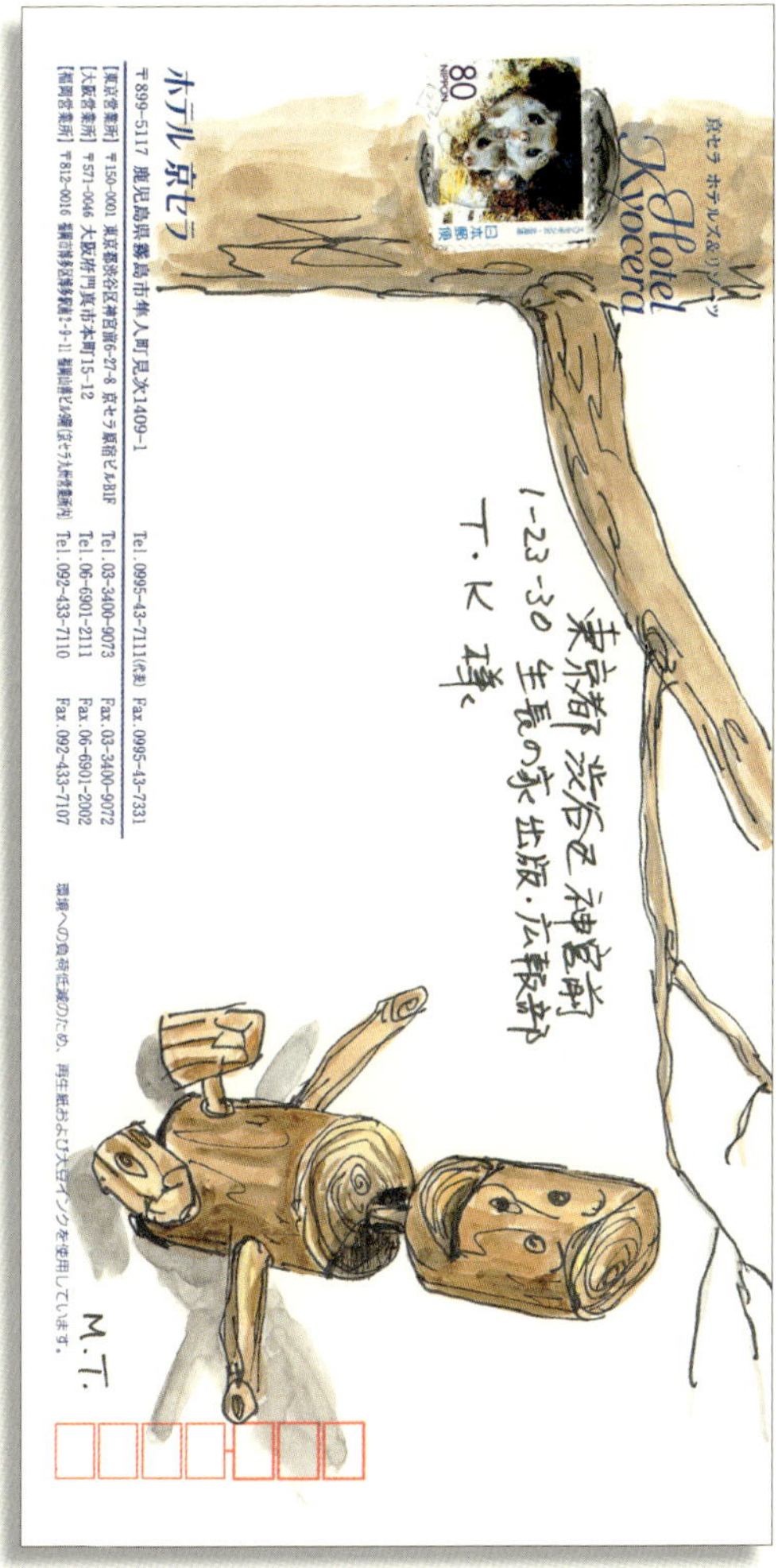
Hotel Kyocera
ホテル京セラ
〒899-5117 鹿児島県霧島市隼人町見次1409-1
東京都渋谷区神宮前
1-23-30 生長の家出版・広報部
T・K 様
M.T.

36 ネコリョーシカ（絵封筒）

T・K様

神戸港の見下ろせるホテルに泊まっています。売店でロシアの入れ子人形マトリョーシカと並んでいたのが、これ。説明書きによると、これは「ネコリョーシカ」。「ウソでしょう」と思ったらmade in Chinaでした。　M・Tより

（2008年1月19日消印）

PORTOPIA HOTEL
10-1, 6 Chome, Minatojima Nakamachi, Chuo-ku, Kobe, 650-0046, Japan,
Tel.(078)302-1111 Fax.(078)302-6877 Telex:5622-112 KOPTEL J
東京都渋谷区神宮前1-23-30
生長の家出版・広報部 T.K様
PM
20.1.21
総務部
NIPPON
80

37　初春の菓子（絵封筒）

Ｔ・Ｋ様

　お元気でお過ごしですか？

　奈良県の橿原市に来ています。駅近くの路地に和菓子屋さんがあり、ネコが背を丸めて店番をしていました。店内に陳列された菓子は皆、ネコには食べさせたくない美しさ。いくつか買って帰りました。寒風も暖かく感じます。

Ｍ・Ｔより

（2008年1月30日受）

東京都渋谷区神宮前1-23-30
生長の家出版・広報部 T・K様
橿原ロイヤルホテル
〒634-0063 奈良県橿原市久米町652番地の2 TEL.0744-28-6636 FAX.0744-28-6644

38 ボストン・バッグ（絵封筒）

T・K様

京都のホテルに泊まっています。ところがここにはレターセットの備え付けがなかったので、山梨に行った時に予備として持ち帰った封筒を使いました。妻、お気に入りの旅行カバン。だいぶ年季が入ってきました。　　M・Tより

（2008年2月17日消印）

HOTEL DANROKAN
東京都渋谷区
神宮前1-23-30
生長の家
出版・広報部
絵封筒係 T.K様
20.2.19
PM
NIPPON
80

第二部　日時計主義実験録

谷口雅宣句集

東郷神社にて二首

新緑や水面に向ふ絵描き人

鯉見つつ猫が水飲む若葉影

自宅の庭で

紫陽花の若芽耀く朝日かな

京都市にて

酒の香を辺りに寒の蔵所

初孫を思う二人のバレンタインデー

自宅の庭で

口開き陽に顔向ける黄水仙

明治公園にて

冬日向猫と鳥とが離れをり

自宅の庭で

雨上がり木に鳥池に蝦蟇《がまがえる》

東郷神社にて

春風や亀首伸ばす池の端

大阪城公園で

洟《はな》啜《すす》る観梅の途夕明り

地下鉄丸の内線

携帯を閉ず音余寒地下駅舎

自宅の庭で

猫の死や蟇《ひき》出る夜の池の端

自宅の庭で

蜘蛛の糸顔を掠《かす》めし春の朝

明治公園にて

春光に花々をあげ小公園

自宅の庭で

春暁の筍掘りに蟇掘られ

原宿の街角で

若芽吹く欅並木に立ち話

自宅の庭で二首

椎茸の頭《つむり》に子らを思ひけり

もこもこと芽出し膨らみ楠の春

大泉の山荘にて

巣作りの日雀を眺め朝餉《あさげ》かな

明治公園にて

花吹雪渦を巻きては地を翳《かざ》め

明治公園で

花水木白を極める日差しあり

明治公園で

高々と若葉噴き上げ大欅立

原宿の街角で

人行けば舞ひ降り春の町烏

東郷神社にて

子の手引き坂下る母風五月

明治公園にて

緑陰のベンチ人犬鳥の声

東郷神社にて二首

番鴨《つがいがも》亀とあそふを人等見る

楠の花香る木陰に雨宿り

東郷神社にて

万緑を角隠し行く門出かな

明治公園にて

緑陰を鳥語町音人の声

東郷神社にて

万緑に初宮参り稚児の声

明治公園にて

町広場白詰草に風わたり

和歌山市にて二首

秋雨や窓辺に寄ればほの明かり

妻と待つ夕餉の時や秋時雨

自宅にて

屠蘇散《とそさん》の香の流れくる去年今年

自宅の庭で

初雪に薄化粧して古燈籠

新幹線で

大富士を車窓に探す帰省行

伊勢神宮で二首

大樹仰ぎ洟啜り行く初詣

寒椿散り乱れあり詣で道

松坂市にて

イタリアの味に満たして寒の入

自宅にて

五十路越ゆ妻の肩揉み寒朝餉

近鉄で

枯野去る車窓に寄りて帰京かな

東急百貨店本店で二首

春支度妻に千変万化あり

色冴えて妻若返る春支度

自宅の庭で

寒の空音なく滑る白機影

駒沢公園で二首

凧揚げの親子に道の親《した》しかり

大枯木紙屑梢《うれ》に絡まりて

自宅にて

旗揚げて悴《かじか》む手なり餅を焼く

自宅の庭で

霜踏みし音心地よく晴れ上がる

原宿駅前で

冬晴れや古塔新塔重なりて

自宅にて

長風呂や寒の雨音安らかに

原宿の街角で
冬晴の町角誰か煙草吸ふ

神二商店街
人恋いの休日の路地霙《みぞれ》舞ふ

明治公園にて
戯れて烏鳥追ふ霙空

地下鉄銀座線

一駅を妻の隣に席暖か

日本橋で

春待ちのビーンカレーに汗流す

自宅前で

寒暁や鳥人と化す駐車場

日脚伸び指の皹縮《あかぎれ》みたり

自宅にて

節分会子ら集まりて夜も更けて

自宅にて二首

立春の寿司の二つが残り居り

立春や木立天突き輝けり

自宅の庭で二首

春陰や土の香ほのと広ごれる

春雨やそこそこ湿り小花壇

掛川・花鳥園にて二首

熱帯園狼藉極め春の鳥

ペンギンの物欲し顔に春の園

ジョギング・コースで

剪定や木の香切り口静かなり

東郷神社にて

恋猫の疾走目やり帰宅人

自宅の庭で

春の鯉人影に寄り餌を欲れる

ジョギングの帰途

春陰の小路冷え冷えと黄水仙

自宅の庭で

春雪の足跡の底緑見ゆ

父の家で

父の手の緩きを握り梅を見る

父の家で

父の目の見開きありて春浅し

ジョギングの帰途

路地裏にすすむ雪融け桃椿

自宅にて

啓蟄《けいちつ》や妻の声して蝿を追ふ

自宅の庭で

柔ら日に香りをはじき沈丁花

自宅の庭で二首

春雨や新聞受へ歩を緩め

土の香と岩の匂へる春の雨

東郷神社にて

紅梅の枝ことさらに結ひ神籤

明治公園で
春日向雀砂浴ぶ穴六つ

原宿の街角で
残り香に娘を恋へり春の朝

自宅の庭で
落椿母入院の石の階

明治公園で

深呼吸肺の奥まで春の風

自宅の庭で

椎茸を採るや採らぬや春の雨

明治公園にて二首

春陰や猫を抱きて世捨人

乱れ咲く椿の紅の闇を染む

自宅にて

烏来て抜きし菫《すみれ》を花器に挿す

明治神宮外苑で

啼鳥や無人公園花吹雪

新宿御苑にて

咲き満ちし花仰ぐ人車椅子

明治神宮外苑にて
噴水のごと欅若葉を吹上げて

どうだんの花千成《せんなり》にほの揺れて

新緑のもこもこ膨る欅かな

東海道新幹線で

田植機の音止め仰ぐ雪の山

明治神宮外苑で

緑風に指立て合図バスの子ら

東郷神社にて

杏《あんず》落つ庭を掃けるをしばし待て

伊勢市にて

正月や異国の酒に酔ひ痴れて

鹿児島市・錦江高原ホテルにて

鏡台に写る野の面や蕗《ふき》の薹《とう》

霧島市・隼人塚にて

寒風に矢尽き佇む隼人かな

自宅の庭で

蟇《ひき》穴を出でたる腹を蹴られけり

自宅の庭で

桃色の雪を抱けり寒椿

大阪城公園で

数々の梅を讃へて日暮れけり

【参考文献】

第一部　続　日時計主義とは何か？

序　章　太陽はいつも輝いている

○『聖書』（日本聖書協会、一九八六年）

第二章　絵心

○「ファン・ゴッホ――夜の印象主義」、『日本経済新聞』一九九九年六月二十日
○フランク・エルガー著／天野知香訳『ファン・ゴッホ』（講談社、一九九五年）
○J・V・ゴッホ－ボンゲル編／石谷伊之助訳『ゴッホの手紙』中（岩波文庫、一九六一年）
○下條信輔著『サブリミナル・マインド――潜在的人間観のゆくえ』（中公新書、一九九六年）
○Michael S. Gazzaniga, *The Mind's Past*, (Berkeley and Los Angeles: University of California Press, 1998).
○『玉村豊男画集』vol. 2（ガレリア・プロバ、一九九六年）

○B・エドワーズ著／北村孝一訳『脳の右側で描け』（エルテ出版、一九九四年）
○玉村豊男著『田園の快楽――ヴィラデストの12ヵ月』（世界文化社、一九九五年）
○岩田誠著『見る脳・描く脳――絵画のニューロサイエンス』（東京大学出版会、一九九七年）
○『平山郁夫が描く未来への文化遺産――アジアの懸け橋』（ＮＨＫプロモーション、一九九七年）
○永沢まこと著『旅でスケッチしませんか』（講談社、一九九八年）
○『群像　日本の作家　吉行淳之介』（小学館、一九九一年）
○内山武夫、加藤類子、一花義広監修『秋野不矩展』（毎日新聞社、天竜市立秋野不矩美術館、一九九八年）
○Jon Kabat-Zinn, *Full Catastrophe Living: Using the Wisdom of Your Body and Mind to Face Stress, Pain, and Illness*, (New York: Dell Publishing, 1990).
○Jon Kabat-Zinn, *Wherever You Go There You Are: Mindfulness Meditation in Everyday Life*, (New York: Hyperion, 1994).

第三章　〝日時計文学〟を探して

○村上春樹著『うずまき猫のみつけかた』（新潮文庫、一九九六年）
○村上春樹著『走ることについて語るときに僕の語ること』（文芸春秋社、二〇〇七年）
○庄野潤三著『貝がらと海の音』（新潮文庫、一九九六年）
○庄野潤三著『山田さんの鈴虫』（文春文庫、二〇〇七年）
○エレノア＝ポーター作／菊島伊久栄訳／児島なおみ絵『少女ポリアンナ』（偕成社文庫、一九八六年）

第四章　偶然と奇蹟

○谷口清超著『神は生きている――青春の苦悩と歓喜』（日本教文社、一九七六年）
○谷口雅春著『新版 真理』第十巻実相篇（日本教文社、二〇〇〇年）
○谷口清超著『大道を歩むために――新世紀の道しるべ』（日本教文社、二〇〇一年）
○小口偉一、堀一郎監修『宗教学辞典』（東京大学出版会、一九七三年）

太陽はいつも輝いている　私の日時計主義実験録

2008年5月1日　初版第1刷発行

著　者　谷口雅宣《たにぐちまさのぶ》
発行者　磯部和男
発行所　宗教法人「生長の家」
東京都渋谷区神宮前1丁目23番30号
電　話（03）3401-0131　http://www.jp.seicho-no-ie.org/
発売元　株式会社　日本教文社
東京都港区赤坂9丁目6番44号
電　話（03）3401-9111
FAX（03）3401-9139
頒布所　財団法人　世界聖典普及協会
東京都港区赤坂9丁目6番33号
電　話（03）3403-1501
FAX（03）3403-8439
印刷・製本　東洋経済印刷

本書の益金の一部は森林の再生を目的とした活動に寄付されます。
本書（本文）の紙は循環型の植林木を原料とし、漂白に塩素を使わないエコパルプ100%で作られています。

落丁・乱丁本はお取替えします。
定価はカバーに表示してあります。

ISBN978-4-531-05902-7

日々の祈り

神・自然・人間の大調和を祈る

谷口雅宣著〈生長の家副総裁〉

神を深く観ずるために
自然を深く観ずるために
人間を深く観ずるために

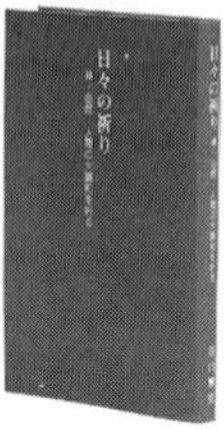

明るい人生観をもつために
人生のすばらしさを観ずるために
「病気本来なし」を自覚するために

日々拝読することで
人生の諸問題が自ずと解決へと導かれる

定価 1,500 円　　宗教法人「生長の家」発行

※益金の一部は森林の再生を目的とした活動に寄付されます。

朗読CD 日々の祈り

神・自然・人間の大調和を祈る

谷口雅宣・著
谷口純子・朗読

5 枚組セット定価 10,000 円

第 1 集 ～ 第 5 集　定価各 2,000 円（単品でも販売します）

第 1 集

第 2 集

第 3 集

第 4 集

第 5 集

このＣＤは、谷口雅宣・生長の家副総裁著『日々の祈り－神・自然・人間の大調和を祈る』の全 49 篇の祈りを、谷口純子・生長の家白鳩会副総裁が朗読し、ＣＤ５枚に収めたものです。第５集には、朗読者へのインタビューを収録。

宗教法人「生長の家」発行

※益金の一部は森林の再生を目的とした活動に寄付されます。